KB075145

마음 혁명

REVOLUTION

REVOLUTION

남이 아닌
자신의 삶을 살아갈
용기

마음 혁명

Retrain
Your
Anxious Brain

존 실럼패리스·데일리 디애나 슈워츠 지음 | 이연규 옮김

탐나는책

어머니와 아버지에게 바칩니다.

"나는 나에게 일어날 수 있는 그 어떤 일보다 큰 존재다.
슬픔, 불행, 고통, 이 모든 것은 나의 문밖에 있다.
나는 집 안에 있고 열쇠를 가지고 있다."
— 찰스 플레처 루미스

"불안은 미래에 대해 생각하는 것이 아니라
미래를 통제하고 싶어 하는 데서 생긴다."
— 칼릴 지브란

"마음은 낙하산과 같다.
열려 있지 않으면 제 역할을 할 수 없다."
— 프랭크 자파

차례

감사의 글 8

저자 서문   나만이 나를 바꿀 수 있다 9

Chapter 1   불안이란 무엇인가? 23

Chapter 2   신념에 도전해야 삶이 변한다 43

Chapter 3   자신의 목소리에 집중하라 65

Chapter 4   나만의 골디락스 존을 찾아라 85

Chapter 5   모든 사람을 만족시킬 수 없다 109

Chapter 6   나는 선택할 자유가 있다 135

Chapter 7   나의 사고를 재구성하라 159

Chapter 8   핵심 가치를 재발견하라 179

Chapter 9   감사하는 마음 갖기 207

Chapter 10   고정된 믿음을 바꿔라 227

Chapter 11   생각 일기 작성하기 251

Chapter 12   마음 챙김 명상 훈련 275

작가 후기   팬데믹 시대에 산다는 것 293

이 책을 위해 헌신해 준 에이전트 린다 코너Linda Konner와 공동 저자 데일리 디애나 슈워츠Daylle Deanna Schwartz, 이 책에 대한 저의 비전을 지지해 준 할리퀸의 사라 펠즈Sarah Pelz와 레베카 헌트Rebecca Hunt에게 감사드립니다.

초기에 제 멘토가 되어주신 클레어 실리오타Claire Ciliotta 박사님, 이브 시겔Eve Siegel MFT, 마샤 제이콥스Marsha Jacobs MFT에게도 감사를 전합니다. 그분들이 없었다면 이 책을 쓰지 못했을 것입니다.

제가 도움을 주고 배움도 얻을 수 있게 해준 모든 내담자에게도 진심으로 감사드립니다. 이 책을 그분들 모두에게 바칩니다.

- 존 실럼패리스

나만이 나를 바꿀 수 있다

사람들은 살아가면서 갖가지 불안을 겪는다. 시기나 정도의 차이만 있을 뿐이다. 어떤 이들은 일상에서 겪는 스트레스와 불안감을 불가피한 감정의 일부로 무시해버린다. 그러면서 그 이면의 문제들에 대해 깊게 생각해 보지 않는다. 그러나 스트레스가 쌓이면 적지 않게 만성적인 불안으로 발전하며, 일상생활에 방해가 될 정도로 매우 부정적인 영향을 끼친다. 또한, 불안감은 자신도 모르는 사이에 서서히 다가와 영원히 극복할 수 없을 것 같은 절망감을 느끼게 한다. 하지만 불안은 극복할 수 있다. 단지 그 감정을 매번 무시해버리면 부정적인 결과가 초래되는 것이다.

미국 성인 중 약 4000만 명 정도가 어떤 형태로든 불안감을 느끼고 있는 것으로 추정된다. 그러나 이들 가운데 전문적인 도움을 구하는 사람은 극히 일부에 지나지 않는다. 자신이 겪고 있는 불안에 관해 이야기히 는 게 익숙지 않아 당황스러운 것도 있지만, 스스로 불안을 인정하는 것이 자신을 약한 사람으로 낙인찍는 것으로 생각하는 것 같다.

지속적인 불안을 경험해보지 않은 사람들은 불안은 스스로 극복해야 하는, 마치 자신이 자초한 증상이라고 이야기한다. 이러한 시각으로 인해 많은 사람이 불안해할 때마다 수치심을 느낀다. 이러한 감정은 자신을 더욱 고립시키며, 누군가에게 도움을 요청하고 싶은 마음을 접도록 만든다. 필자는 그러한 삶이 매우 고통스럽다는 것을 잘 알고 있다. 나 역시 그렇게 생각하며 살아왔기 때문이다.

불안했던 어린 시절

필자는 대학교에서 심리 치료를 공부한 치료사이지만, 이 책은 대학에서 배운 대로 치료사의 관점을 통해 불안을 다스리는 기술만을 다루지 않았다. 이 책에 나오는 모든 내용은 곧 나의 이야기이기도 하다. 나는 어린 시절부터 불안과 함께한 긴 역사가 있다. 또한, 오랫동안 나의 불안을 극복할 수 있는 실용적이고 효과적인 기술을 연구하였다. 결과적으로 많은 연습과 도전 끝에 불안을 극복하고 삶을 있는 그대로 즐길 수 있게 되었다. 요약하자면, 이 책은 치료사의 관점과 더불어, 수년 동안 불안을 효과적으로 다루기 위해 연구해 온 생생한 기록이 담겨 있다.

이해할 수 없는 이유로 불안한 감정이 커지고, 혹시 자신이 미쳐가는 건 아닐까 염려하는 마음을 충분히 이해한다. 나 역시 불안을 통제할 수 없을 것 같아 느끼는 공포와 그 공포를 어떻게 극복할지 모르는 상태에서 느끼는 무력감을 경험했다. 불안을 다루는 기술을 학습하고 효과적으로 활용했던 필자의 경험이 여러분에게도 가능한 일이라 확신한다. 미국 독자 중에는 필자가 한 TV쇼에 출연하여 많은 불안 장애anxiety disorder 환자를 치료한 영상을 본 적이 있을 것이다. 그 프로그램을 시청했던 전 세계의 많은 사람이 필자의 기술 가운데 상당 부분을 알고 싶어 한다고 들었다. 만약 내가 공유하는 기술로 많은 독자를 긍정적인 변화로 이끈다면, 이보다 중요한 일은 없다고 생각한다.

필자의 불안은 아주 어렸을 때 시작됐다. 여덟 살 때였는데, 그때 내가 다른 아이들과 좀 다르다는 것을 알 수 있었다. 다른 아이들만큼 환경에 적응하는 것이 수월하지 않았다. 알 수 없는 감정에서 벗어나기 위해 당시 너무나 어렸던 내가 얼마나 애를 썼는지 모른다. 아무도 이해할 수 없고, 나조차도 이해 못 할 이 알 수 없는 상태를 붙들고 깊은 소외감을 느끼곤 했다. 불안을 느낄 때면 뭔가 안 좋은 일이나 예기치 못한 사건이 일어난 것처럼 반사적으로 반응했고, 도무지 그 이유를 알 길이 없었다. 주변에 도움을 청하려 할 때마다 비판이나 무시를 당했던 것 같다. 수년 동안 일상생활이 불가능할 정도로 불안이라는 감정에 고통받았고, 영원히 이대로 살아야 할 것 같은 불안감에 미래가 암울하게만 느껴졌다. 최초로 공황 상태에 빠졌던 기억은 방 안에서 홀로 잠을 청하려던 어느 날 밤이었다. 부모님이 침대에 나를 눕히고 나간 후, 갑자기 알 수 없는 심한 불안이 엄습했다. 갑자기 찾아온 이 공포는 귀신에 씌었다 싶을 만큼 나의 몸을 강하게 짓눌렀다. 심장박동이 매우 빨라졌고, 숨쉬기조차 어려웠으며, 식은땀이 나기 시작했다. 마음이 통제할 수 없을 정도로 날뛰었고 이러다가 죽을지도 모른다는 생각까지 들었다. 벌떡 일어나 정신없이 부모님의 침실에 뛰어 들어가 어머니를 흔들어 깨웠다. 잠에서 깬 어머니는 살짝 고개를 들고 졸린 목소리로, "아빠가 깰 수 있으니 좀 조심하렴"이라고 속삭였다. 20대 중반이 될 때까지, 그 당시 어머니의 말이 내 삶에 얼마나 큰 영향을 끼치게 됐는지 알아채지 못했다.

어머니는 겁에 질린 나에게 "어서 침대로 돌아가렴. 무서울 것은 하나도 없어"라고 속삭였다. 나는 어머니 말처럼 정말 무서울 것이 하나도 없기를 간절하게 바라며 다시 내 방의 침대로 돌아왔다. 얼마 동안은 어머니의 말이 맞는가 싶었지만, 이윽고 공포가 계속되었다. 그 상태로 남은 밤을 지새웠고, 밤새 사라지지 않는 공포로 인해 과연 내일 아침 무사히 햇빛을 볼 수 있을까 걱정하였다. 그 긴 시간 동안 의지할 사람이 아무도 없다는 사실에 더욱 괴로웠다. 그러나 그날 밤은 수많은 외로운 밤 중 첫 번째 밤일 뿐이었다.

그 후 4년 동안 갑작스러운 공포와 일상적인 불안감이 어떠한 경고도 없이 간헐적으로 찾아왔다. 서서히 무언가가 잘못되어가고 있다는 생각이 들었다. 어머니는 재차 두려워할 게 아무것도 없다고 이야기했지만, 시간이 흘러도 여전히 두려웠고, 그럴 때마다 나에게 오직 대답이 되는 한 가지는 '분명 무언가 잘못되어가고 있어'라는 생각뿐이었다. 더불어 아무것도 아닌 일에 두려움을 느낀다면 바보 같고 나약하다고 생각했다. 하지만 내가 인식할 수 있는 불안의 원인은 어디에도 없었다. 침대 밑에 괴물이 있는 것도 아니고, 장롱 안에 도깨비가 있는 것도 아니었다. 내가 겁에 질릴 만한 이유는 어디에도 없었다. 당시 나는 단 한 번도 '불안'이라는 단어를 들은 적이 없었다. 아무도 나에게 그 단어를 말해주지 않았기 때문이다. 가족 중에 그 단어에 대해 한 번이라도 생각해 본 사람이 아무도 없었던 것 같다. 그랬기에 가족들은 나의 문제를 대수롭지 않게 생각했고, 내 안의 문제이기에 나 스스로 그 문제를 해결해야 한다고 여겼다."열두 살이 되었을 때 아이러니하게도 나의 공포감은 휴면기를 맞은 듯 잠잠했다. 그 후 9년이란 시간 동안 그 공포감은 내 마음 깊숙한 어딘가에 숨어 있는 듯 나타나지 않았다. 그러나 대학을 마친 후 뉴욕에 있는 집으로 돌아왔을 때, 오랫동안 숨어 있던 불안이 갑자기 매우 강렬하게 나타났다. 하지만 당시 나는 '성인'이었다. 전문적인 도움이 필요하다는 것을 알 수 있었다. 부모님이 그랬던 것처럼 그 문제를 무시하거나 버려두지 않고, 적극적으로 도움을 요청해야겠다고 생각했다. 절박한 마음은 곧 심리치료사를 만나러 가야 한다는 확신으로 이어졌다. 하지만 예전과 마찬가지로 부모님은 정신의학적 도움을 받으러 간다는 말에 부정적으로 반응하였다.

부모님은 심리 치료는 정신이 온전치 않은 사람들만 받는 것이라 믿고 있었다. 또한, 심리치료사가 나에게 부모를 원망하는 어떤 생각들을 세뇌해 자신들과 의절하게 할 것으로 생각했던 것 같다.

불안감으로 고통받는 많은 사람은 보통 도움을 구해야겠다는 생각을 단념한다. 이유는 각자 다를 수 있으나 실상은 무지에서 비롯된다. 스스로 충분히 노력하면 불안을 통제할 수 있다는 믿음으로 문제를 심각하게 다룰 기회를 놓치고 만다. 하지만 자신이 원하는 대로 감정이 통제되지 않는 무력감에 이차적으로 상처를 입을 뿐이다.

심리 치료를 받기로 한 이후 필자는 2년 동안 심리치료사에게 치료 회기 안팎에서 불안이 올라올 때 사용할 수 있는 확실한 도구를 습득하였다. 또한, 치료를 받는 동안 나 자신이 다른 사람과 매우 다르다는 것을 다시금 느낄 수 있었다. 여전히 스트레스를 받을 가능성이 있다는 이유로 모든 상황에 예민하게 반응했고, 다른 사람들이 쉽게 받아들일 만한 상황에도 과도한 걱정을 했다. 스트레스 상황에 취약한 나의 특성은 보통 사람들과 달리 어떤 일을 처리할 때마다 종종 혼란을 느끼고, 방향을 잃게 하였다. 하지만 다행스럽게도 치료를 진행하는 동안 이런 증상은 점차 회복되었다.

불안감이 드는 횟수가 눈에 띄게 줄어들었고, 유지되는 시간도 짧아졌다. 급격하게 나를 압도하던 공포감이 점차 줄어들면서 불안을 조금씩 통제하고 있음을 느낄 수 있었다. 상태가 호전되자, 예전과 달리 미래가 더는 암울하게만 느껴지지 않았다.

보통 불안감으로 인한 고통을 가중하는 것은 '이해의 부족'에서 비롯된다. 누군가가 불안해하는 여러분을 보고 다음과 같은 질문을 한다고 상상해보자.

"너는 왜 네 감정 하나 통제하지 못하고 자신을 괴롭히는 거야?"

이런 질문에 뭐라고 답할 수 있겠는가? 사실, 이 질문 자체가 참 잔인한 것 같다. 사람들이 이 문제를 심각하게 받아들이지 않는다는 사실을 확인하는 것도 괴롭지만, 그 질문에 대한 답을 어디에서도 찾을 수 없다는 사실 또한 우리를 몹시 절망케 하기 때문이다. 자신의 머릿속에서 무슨 일이 벌어지는 건지 스스로 알 수 없을 때 얼마나 무력감을 느끼겠는가? 하지만 불안이라는 것을 충분히 이해하고 있다면 상황은 달라질 수 있다. 불안에 대한 진단명이 존재한다는 것은, 다시 말하면 임상적으로 치료가 가능한 증상이라는 뜻이다.

결과적으로 여러 차례의 치료 끝에 필자는 불안감을 인생의 한 부분으로 받아들이기 시작했다. 나 자신을 스스로 약한 사람이라고 낙인찍는 것을 멈추고, 나의 상태를 '불안 장애'와 관련 짓기 시작했다. 그러면서 굉장한 해방감을 느꼈던 것 같다. 이 과정에서 가장 흥미로웠던 사실은 나의 인지가 얼마나 왜곡되어 있는가를 깨닫는 부분이었다. 그동안 삶 대부분을 파국적인 방식으로 확대해석하고, 흑백논리로 사고해왔었다. 또한, 무언가를 해내야 하는 경우나 다른 사람에게 어떻게 비치는지 고려하는 경우 등에 대해 완벽하기를 바라왔다는 것을 깨달았다. 이러한 통찰로 나의 삶에 많은 변화가 일어났다.

인지 왜곡의 배경을 보면, 아버지의 비판적인 양육 방식은 성인이 된 지금까지 타인을 실망하게 하는 것에 대한 두려움으로 연결되었다. 그로 인해 모든 사람이 나를 좋아하게 만들어야 한다는 강박관념에 시달려왔다. 가장 중요한 통찰 중 하나는, 나에게 중요한 사람 모두를 통제할 수 있다는 환상을 가졌었다는 것이다. 이 환상이 어긋날 때마다 마치 피해자가 된 것 같은 기분이 들었다. 타인의 감정을 내 마음대로 통제하려 노력했고, 대부분은 뜻대로 되지 않아 패배감을 느꼈다. 이런 환상은 마치 잠자리채로 바람을 잡으려고 하는 것과 같았다.

또한, 불안 장애로 고통받는 사람에게 어머니가 어릴 때 나에게 했던 말처럼, "무서운 것은 아무것도 없어"라고 타이르는 것은 마치 극심한 알코올 중독자에게 "그냥 술을 끊으면 돼!"라고 말하는 것과 같다. 불안 장애는 그렇게 단순한 문제로 봐서는 안 된다. 그러나 어머니는(실은 매우 사랑스러운 여인이지만) 당시 나의 상태에 대해 이해가 부족했다. 물론 자신이 아는 가장 최고의 방식으로 나를 도우려 애썼던 것임을 알고 있다. 어머니는 어린 내가 불안감에 대해 건전한 생각을 가질 수 있도록 노력했다.

필자는 치료를 시작했던 20대 후반부터 30대에 걸쳐 불안감에 대한 대처 기술을 배우기 위해 최선을 다했다. 또한, 불안과 관련한 신체적 증상이 나타나지 않도록 관리했다. 때로는 삶의 여러 스트레스 요인이 잠깐 불안을 불러일으켰지만, 예전처럼 극심한 공황 상태에 빠지는 일은 없었다. 그 후 2000년에 이혼, 2004년에 부모님의 임종을 겪은 후 다시 극도의 불안이 찾아왔다. 그러나 배워 놓았던 효과적인 기술을 활용하여 이른 시간 안에 회복할 수 있었다.

불안과 진지하게 마주하다

예전보다 훨씬 많은 사람이 불안에 대하여 전문적인 도움을 원하고, 치료를 결정한다. 이러한 변화는 아마도 예전보다 정신 건강에 대한 편견이 다소 누그러지고 불안과 뇌 기능의 연관성에 대한 신경생물학적 이해 수준이 높아졌기 때문으로 보인다.

그러나 다른 정신 건강보다 불안과 관련한 이슈는 여전히 사회적으로 중요한 부류로 인정받지 못하고 있다. 특히 많은 사람은 아직도 개인의 나약함이 불안을 만들어낸다고 믿는다. 하지만 현실에 당면한 각종 문제, 즉 실업 혹은 취업 문제, 주식 시장의 붕괴, 테러리즘의 위협, 자연재해 등 새로운 세기에 접어들면서 벌어지는 많은 비극적인 사건들로 인해 불안으로 고통받는 사람들은 훨씬 더 늘어날 전망이다. 하지만 이런 복잡한 상황에서 불안에 대해 좀 더 전문적인 도움을 받아보라는 조언은 사치로 느껴질지도 모른다.

불안은 일반 대중이 어떻게 여기든 간에, 실제 〈정신장애 진단 및 통계 편람DSM-5〉에서 '불안 장애'로 분류되어 진단받는다. 정신장애로 분류된다는 것만으로는 해결책이 없어 막막할 수도 있지만, 다행히 불안은 연습을 통해 효과적으로 치료될 수 있다. 필자는 이 책을 통해 그 기술을 독자들과 공유하고자 한다. 불안을 감지하는 순간 어떻게 안도감을 찾을 수 있는지, 불안을 불러일으키는 촉발 요인을 어떻게 다룰 것인지 등의 기술을 제안할 것이다. 만약 여러분이 항상 불안을 느끼는 편이라면, 궁지에 몰린 것 같은 극심한 감정 반응에서 벗어나 새로운 대체 기술을 발달시킬 수 있도록 도울 것이다.

이 책에서 필자는 가벼운 불안에서부터 몸과 마음을 손상하는 지속적이고 극심한 불안까지 다양한 범위에 걸쳐 불안을 다루었다. 그러나 이 책이 불안 자체가 치료되거나, 삶의 여러 문제에 빠른 해결책을 주는 수단이 될 수는 없다. 제안한 여러 가지 기술을 통해 스스로 내면적인 부분을 개선해 균형 잡힌 생각을 가질 수 있도록 돕는 것이 주된 목적이다.

이 책에 제시된 대처 기술은 '영구적'이다. 왜냐하면, 한 번 학습한 후 다음에 필요할 때마다 언제든지 다시 보충할 수 있도록 구성되어 있기 때문이다. 불안과 관련된 많은 책에서는 오직 불안 증상으로 나타난 결과에 대해 대처할 수 있는 기술 위주로 적혀 있다. 하지만 이 책은 불안감을 느끼게 된 계기를 빠르게 인식하고 확인할 수 있는 다양한 기술을 제공한다. 스스로 부정적인 결과가 나타날 가능성을 줄여 불안을 억제하거나 경감시키는 것이다.

삶에서 맞닥뜨리는 여러 문제 중에 통제 불가능한 것은 대단히 많다. 하지만 많은 사람은 이러한 상황에서 불안을 줄이기 위해 외부 환경을 바꾸어야 한다고 믿는다. 이 책에 소개된 '불안 감소 전략'들은 이런 내적 신념에 도전한다. 자신의 삶을 바꾸기 위해서는 자기 스스로 바뀌어야 할 '책임'을 지니고 있다는 부분에 초점을 맞춘다. 이러한 마음가짐으로 삶에 대응하면 종전과는 다른 중대한 내적 전환이 일어난다. 이 책은 여러분이 사전에 불안을 다루었던 방식으로써 낡은 사고 체계를 바꾸고 재평가하는 기회를 줄 것이다. 이로써 스트레스를 많은 삶의 변화(손실, 질병 혹은 직업적 스트레스)를 포함한 삶의 각종 환경에 적응시키는 방법을 익힐 수 있다. 또한, 스스로 불안을 통제할 수 있다는 마음으로 삶에 효과적으로 대응할 수 있는 새로운 방법을 얻게 될 것이다.

필자는 불안한 감정이 매우 익숙한 사람이다. 이 책에 제시된 불안 관리의 관점은 필자가 불안 치료를 받으며 학습한 것이기도 하다. 더불어 많은 환자에게 효과가 있다고 입증된 연구를 포함했다. 많은 연구에서 필자가 공유하려는 기술이 효과가 있다는 것을 입증해왔으며, 인지 행동 치료 CBT*, 합리적 정서 치료 RET**와 같이 검증된 기법에 부분적으로 뿌리를 두고 있다.

인지행동치료와 합리적 정서 치료 기법은 현실적으로 유익한 치료 기법이며 매우 사용하기 쉽도록 구성되었는데, 불안의 특성보다 불안으로 인해 생겨난 고통스럽고 부정적인 생각에 초점을 맞춘다. 다시 말해, 왜곡된 사고 패턴을 확인하고 변화시키는 것에도 중점을 둔다. CBT와 RET의 궁극적인 목표는 개인의 사고 구조를 수정하여 비현실적인 생각과 현실적인 생각을 구분하는 것이다. 여러분이 오늘 아침에 회사에 출근했다고 가정해보자. 출근하자마자 매우 화가 난 것 같은 상사를 마주쳤다. 상

* 인지행동치료cognitive-behavioral therapies: CBT 기법이라 불리며, 사고·신념·가치 등의 인지적 측면과 동시에 구체적으로 나타난 정신 신체 행동paychomotor behavior의 측면에 관련된 개념·원리·이론을 체계적으로 통합하여 부적응 행동을 치료하려는 정신치료의 경향을 의미한다. 일반적으로 조건화 이론에 근거한 행동수정과, 켈리Kelly·엘리스Ellis 등 인지적 접근을 하는 인지 치료를 통합하려는 카운슬링과 정신치료의 시도를 가리키는 폭넓은 개념이다—역자 주
** 합리적 정서 치료rational-emotive therapy: RET 기법이라 불리며, 인지 이론cognitive therapy과 심리학자 엘리스Albert Ellis의 아이디어에 근거한 심리 치료의 한 방법을 말한다. 이 치료법은 클라이언트가 환경에서 자신이 바로 목적적인 실체objective fact라는 점과 부정확하고 부정적이고 자기 제한적self-limiting인 해석은 자신의 행위와 생활에서 생겨난다는 점을 구분하도록 격려하는 것이다—역자 주

사의 표정을 보는 순간 혹여 그가 자신의 업무 성과를 못마땅해하는 것 같은 생각이 자동적으로 떠올랐다면, 이내 조만간 해고 당할지도 모른다는 불안감으로 연결되어 불쾌한 느낌이 들게 될 것이다. 하지만 그 직장 상사는 자신의 개인적인 문제가 있어서 기분이 좋지 않았던 것일지도 모른다. 인지행동치료와 합리적 정서 치료는 여러분의 사고가 개인적 신념 혹은 해석에 기초하고 있으며, 현재 경험한 현실이 '실제 현실'이 아닐 수 있음을 이해하도록 돕는다. 또한, 어떤 상황에 관한 생각, 느낌, 행동이 상호 간 관계를 이루고 있다고 가정한다. 그러므로 여러분이 자신의 사고를 재구조화하고 스스로 부정적인 면, 즉 불안을 만드는 내적 작용을 확인할 수 있다면 틀림없이 여러분의 행동에 긍정적인 변화가 일어날 것이다.

실존주의 이론에 따르면, 우리는 자신의 삶을 건축하는 건축가이며, 내가 누군지, 무엇이 될 것인지는 자신의 선택과 행동의 결과라고 여긴다. 나 혼자만이 자신의 삶을 책임지고 있으므로 어떤 상황에서도 외력으로 관리되거나 결정되지 않는다는 것이다. 또한, 나의 존재 자체는 절대 변화하지 않으며, 끊임없는 과도기적 상태에 머물러 있다고 하였다. 이런 과정에서 삶에 따라 자신을 재현하는 것이다. 즉, 우리는 무언가에 계속 호기심을 갖거나 재차 학습하고 점차 발전해 나가는 변화무쌍한 태도를 유지하고 있다. 실존주의자들은 이러한 세계에서 주관적인 삶의 의미를 스스로 창조할 수 있다고 믿는다.

이 책은 필자가 과거 불안 장애 환자로, 그리고 심리 치료 전문가로서 살아왔던 두 가지의 경험을 바탕으로 지난 30년간의 치유 과정을 담았다. 필자의 다소 특별한 치료 개념은 수년 동안 모든 유형의 불안 장애 환자들을 성공적으로 치료하는 데 쓰였다. 개인적인 환자와 더불어 필자가 TV쇼에 출연하여 치료했던 많은 불안 장애 환자들에게도 성공적이었다. 그들은 단순하고도 기본적이며 일반적인 감각을 통찰했고, 세상과 관계하여 생각하는 새로운 방식을 학습함으로써 그들의 삶을 변화시킬 힘을 갖게 되었다.

여러분이 이 책을 읽고 난 후 더는 혼자라는 느낌을 갖지 않았으면 한다. 내가 그랬던 것처럼, 여러분도 자신이 느끼는 불안감의 정도가 다른 사람들과 다르다는 생각에 소외감을 느꼈을 것이다. 기억하라, 여러분은 혼자가 아니다. 적어도 이제는 혼자가 아니다. 불안 너머로 진정한 삶이 존재하며, 필자의 경험이 좋은 본보기가 될 수 있다고 확신한다. 여러분의 불안한 마음은 다스릴 수 있다. 내가 할 수 있었다는 것은 여러분 또한 할 수 있다는 뜻이다.

Chapter 1

불안이란 무엇인가?

"불안감을 느끼면 창의성이 생긴다."

– 토머스 스턴스 엘리엇

불안은 인간의 마음에서 가장 이해하기 힘든 감정 중 하나이다. 그러나 불안 장애는 미국에서 가장 흔한 정신 질환으로, 인구 중 약 18%에 해당하는 사람들이 어떤 형태로든 불안감을 느끼고 있는 것으로 보고되었다. 불안 장애는 임상적으로 증명이 되어있는 만큼 그들 자신의 개인적인 유약함에 기인한 것이 아니다. 이 장에서는 불안에 대한 잘못된 믿음과 진실에 대해 다루고자 한다.

불안감은 왜 갑자기 찾아올까?

불안은 매우 만성적인 특성이 있다. 전문적인 도움을 받기 전까지 별다른 변화 없이 '불안한' 상태가 계속된다. 또한, 불안으로 고통받는 많은 사람은 다양한 수준의 수치심을 경험하기도 하며, 다른 사람에게 알려졌을 때 조롱당하진 않을까 염려한다. 어린 시절 나의 어머니가 나의 불안을 현실로 받아들이기를 거부했을 때 필자가 느꼈던 감정이기도 하다. 이후 어머니는 지속해서 힘겨워하는 나에게 "너는 별문제가 없어. 모두 네 생각에서 비롯된 거야"라고 이야기했었다. 이런 환경에서 자라온 내가 어떻게 다른 사람과 나의 문제에 대해 공유할 수 있었겠는가? 어머니가 나에게 보였던 반응은 불안을 이해하지 못한 사람들의 전형적인 반응이다. 오늘날 많은 사람이 불안에 대한 편견에서 다소 자유로워졌다는 점에서는 사회가 크게 발전하였다. 더불어 최근 몇 년에 걸쳐 전체적인 정신 건강에 관한 관심이 높아지고 있다. 그러나 아직 논의되어야 할 과제들이 많이 남아있다.

많은 사람이 여전히 불안은 오직 열등한 사람에게만 나타나는 고통이라 여기고 있다. 하지만 이는 사실이 아니다. 세월이 흐르면서 인간의 어떠한 신경생리학적 조건을 합리적이고 공통으로 받아들이는 이유는 정상 범주에 속한 사람들이 그 조건에 대해 매년 열띠게 논의해왔기 때문이다. 그러나 질병에 따라 대중이 수용하는 정도는 매우 다르며, 불안은 여전히 다소 덜 받아들이는 경향이 있는 것 같다.

불안에 대한 인식을 새롭게 바꾸기 위해서는 어떻게 해야 할까? 불안이 개인의 나약함에서 기인한 것이 아닌, 임상적으로 고려될만한 타당한 조건으로서 빈번하게 논의될수록 더욱 공감을 얻게 될 것이고, 불안으로 고통받는 사람들에 대한 이해 또한 깊어질 것이다. 숙련된 전문가에게 교육을 받는 대학생, 블루칼라* 근로자에서부터 화이트칼라** 경영진에 이르기까지 여러

---

* 블루칼라blue-collar: 작업복으로 갈아입고 작업을 하는 계층, 즉 현장 작업에 종사하는 사람들을 가리킨다―역자 주

직종의 사람들이 불안으로부터 오는 고통을 이해하고 전문적인 도움을 구한다면, 더욱 많은 사람이 불안을 진지하게 받아들이게 될 것이다.

이 책을 통해 불안의 부정적인 측면과 아울러 불안이 가진 장점까지 통합하여 불안을 중립적인 관점에서 바라보기 바란다. 불안이라는 상태가 그냥 무시해 두어서는 안 될, 진지하게 고려할만한 상태라는 것 또한 받아들였으면 한다.

불안이 다른 증상과 같이 진지하게 받아들여진다면, 미래에는 불안이라는 증상이 상당히 많은 사람에게 영향을 끼치고 있고, 단순한 환경의 변화에서도 촉발된다는 점을 이해할 수 있을 것이다. 이 또한 여러분이 불안을 다루는 데 도움이 되리라 본다.

적당한 불안감은 우리를 보호한다

불안은 위험으로부터 우리 자신을 보호할 수 있도록 신체를 적응시키는 기능을 하기도 한다.

** 화이트칼라white-collar: 일반적으로 신사복이나 와이셔츠 차림으로 작업을 할 수 있는 직업 계층을 가리키는 말. 즉, 관리직·전문직·사무직 등 책상에 앉아서 작업하는 계층이라 생각해도 무방하다─역자 주

불안은 수만 년 동안 서서히 발전해온 진화적인 반응 메커니즘의 일부다. 만약 원시시대에 사람들이 내부적으로 위험에 대한 경고, 즉 흉포한 동물이 동굴 밖에 숨어서 먹이를 찾고 있는 상황에서 위험을 직감적으로 감지하지 못했다면, 아마도 그들은 여러 위험에 노출되어 당시 생존이 불가능했을지도 모른다. 그들을 보호하는 각성 기제로서, 투쟁-회피 반응 시스템fight-or-flight response system 혹은 투쟁-회피-경직 반응 시스템fight-or-flight-or-freeze response system이라 불리는 생물학적인 반응이 존재한다. 이 반응은 기민하게 신체적 감각을 감지하는 데에 도움을 주고, 위험에 대해 재빠르게 대처할 수 있도록 한다. 하지만 오늘날 이 시스템은 인간의 기본적인 특성에서 사라졌다. 현재는 예전과 같은 생존을 위한 시스템이 필요하지 않기 때문에 '불안'이라는 감정으로 변형되어 모든 사람에게 전해졌고, 어떤 사람은 기질적으로 이 감각에 더욱 민감하게 반응하기도 한다.

본질적으로 불안은 뇌에 전달하는 메시지로 현재 상황이 위험한지 아닌지를 인지할 수 있도록 한다. 불안감을 느낄 수 없다면 여러분은 항상 더없이 평온한 상태를 유지하고, 천진난만하게 각종 상황에 대처하며, 단순한 위험도 감지하지 못할 것이다. 그러나 길거리를 걸을 때 주의를 기울이고 있지 않아 위험을 감지할 수 없다면 어떻게 될까? 자동차가 달려와 여러분을 치고 지나갈지도 모른다. 당신이 어린아이를 키우는 부모라면, 상대적으로 부주의한 아이를 위험에 빠뜨릴 수도 있다. 또한, 직업을 잃을 것이란 불안이 없으므로 일에 있어서 기량을 제대로 발휘하지 못할 것이다. 이렇듯 특정한 상황에서 불안을 느끼는 것은 나 자신이나 내가 사랑하는 사람들을 보호해 준다.

예술 관련 직종의 종사자인 작가, 배우, 댄서 등의 경우, 수행에 있어 잘해야 한다는 압박으로 인해 느끼는 불안감은 오히려 그들의 창의성을 촉진할 수 있다고 한다. 심지어 훌륭한 지능을 가진 사람이나 발명가들의 일대기를 보면, 실패에 대한 두려움이나 실패 가능성에서 오는 불안, 그에 따른 굴욕감 등으로부터 간접적으로 고무되었음을 공언해왔다. 시간에 대해 초조함을 느낀다는 것은 자신의 삶에 관심이 있고, 삶에서 자신의 역할이 매우 중요하다는 사실을 아는 것이다. 어떤 의미에서 불안은 목적과 동기를 부여하는 역할을 한다. 이는 여러분에게 옳은 길을 지속해서 안내하고, 여러분이 가진 감정을 발휘할 수 있도록 만든다.

한편 극심한 불안은 일상생활을 제대로 할 수 없게 하는데, 특히 개인의 중요한 역할이자 의무를 적절히 해내는 것에 상당한 영향을 미친다. 예를 들어 아이를 적절히 돌보는 일이나 매일 출근이나 등교하는 일 등 많은 사람이 대수롭지 않게 여기는 일에도 어려움을 겪게 된다. 이러한 이해할 수 없는 감정에서 비롯한 불편함은 자책을 만들고, 어떻게 해서든 이 고통스러운 감정을 없애려 노력하게 한다. 그러나 조금씩 불안의 긍정적인 측면을 이해하고, 불안이 왔을 때 어떻게 활용할지 방법을 알게 된다면, 불안이 그리 불리하세만 느껴지지는 않을 것이다.

싸울 것인가, 피할 것인가?

투쟁-회피 반응은 내부적인 경보 시스템으로서, 어떠한 위급한 상황에서 자신을 방어할 것인지(투쟁) 혹은 도망가서 자신을 보호할 것인지(회피)에 대한 빠른 판단을 말한다. 또한 '경직'은 위급한 상황에 깜짝 놀라 얼어버리는 느낌 혹은 두려움으로 인해 몸이 마비된 것 같은 상태를 의미한다. 포식자의 눈에 띄지 않도록 정지하여 머물러 있는 육체적 본능으로서 '죽은 척하기 playing dead'와 관련이 있다. 당신이 위험하고 위협적이라는 느낌을 경험했을 때 뇌에서는 내부적으로 위급함을 알리는 경보음이 울린다. 이때 뇌는 신경전달물질을 방출하고, 부신에 위급한 상황에 필요한 호르몬을 생산하라는 메시지를 전달한다. 그러면 부신은 코르티솔cortisol과 같은 강력한 호르몬을 생산하는데, 이 호르몬을 '스트레스 호르몬'이라고 부른다. 이 호르몬이 몸에 퍼지면, 불쾌하고 불안정한 육체적 반응이 뒤를 잇는다. 이미 느끼고 있던 거대한 불안감과 더불어 극도의 공포감까지 더해지는 것이다.

이러한 과정을 이해하지 않으면, 이 호르몬으로 인해 겪을 수 있는 전형적인 신체 증상, 즉 빨라지는 심장박동, 얕고 부자연스러운 호흡, 땀 그리고 통제할 수 없는 기분, 혹시나 다른 예측 못한 다른 위험이 있는지 의심하는 행동 등을 이해할 수 없어 고통이 가중될 것이다.

투쟁-회피 반응에서 보이는 '빨라지는 심장박동'의 역할은 다음과 같다. 투쟁할 것인지 회피를 할 것인지에 대한 신체적 준비 행동으로, 굉장히 중요한 신호로서 작용한다. 위험한 상황에 직면했을 때 싸울 것인지, 아니면 빠르게 도망갈 것 인지와 관련한 신체 부위, 즉 대근군大筋群을 포함하여 팔이나 허벅지 근육과 같은 곳에 혈액을 공급하기 위해 심장박동이 빨라지는 것이다. 이때 혈액은 손가락이나 발가락과 같은 지엽적인 부분으로 흐르다가 다른 곳으로 방향으로 돌린다. 그 이유는 크게 다치어 출혈이 심해도 사망으로 이어질 가능성이 적은 부위이기 때문이다.

'얕고 부자연스러운 호흡' 또한 중요한 기능을 한다. 헐떡거리는 빠른 호흡은 신체에 산소를 많이 투입하면서 투쟁할 것인지 혹은 도주할 것인지에 대한 신체적 준비를 돕는다. 하지만 짧고 반복적인 호흡은 때로는 과호흡 상태를 만들어 여러분을 더욱 공포에 떨게 할 수 있다는 부정적인 측면이 있다. 이는 마치 숨이 막히는 격렬한 반응을 겪고 질식해 죽을 수도 있다는 고통스러운 느낌을 주는 것이다.

이밖에 투쟁-회피 반응 메커니즘이 작동하는 동안 신체가 과열되는 것을 방지하기 위해 '땀'을 증가시킨다. 땀이 증가하면 피부가 미끄러워져 포식자에게 잡혔을 때 도망쳐 나올 수 있도록 만드는 기능을 한다.

그러나 투쟁-회피 반응의 가장 주된 기능은 위협과 위험을 감지하게 하여 그 상황에서 확실하게 경계하도록 만드는 것이다. 이 반응이 가동되면 즉시 하던 일을 멈추고 초점을 옮겨 주위에 위험한 것이 있는지 확인하기 위해 온 신경을 집중한다. 때로 이러한 행동은 무언가를 기억하고 집중하는 것을 방해하고, 현재 상황에 대해 주의를 유지할 수 없게 만든다. 혹은 두려움에 사로잡혀 마치 마비가 된 것처럼 무언가를 할 수 없도록 만든다. 위험에서 벗어나고 싶어도 이러한 '경직' 상태가 되면 어떤 것도 할 수 없는 무력감을 느낀다.

이런 모든 행위는 동굴에 거주했던 우리 선조들에게 그랬던 것처럼, 여러분을 보호하기 위해 구조화되어 있다. 오늘날에는 투쟁-회피 반응이 필수적인 기능은 아니어서 점차 퇴화한 것 같다. 하지만 이 기능은 현재 불안이라는 흔적으로 모든 사람에게 남아있다.

불안감에 유독 약한 사람이 있다

숲에서 굶주린 야생 곰에게 쫓기는 것과 같은 상당히 위협적인 공포 상황과 비교적 가벼운 스트레스 상황, 즉 약속에 늦었을 때와 같은 일상적인 생활에서 오는 불안감을 구별할 수 있을까? 원시적으로 우리의 뇌는 스트레스의 촉발 요인을 쉽게 구별하지 못하도록 구성되어 있다. 우리 조상들은 작은 스트레스 요인조차도 예기치 못한 순간 커다란 재앙이 될 수 있는 위험한 환경에 노출되어 살았기 때문에, 큰 거나 작은 불안을 구별해내는 것이 무의미했다.

많은 사람은 공포 영화를 볼 때 느끼는 공포를 마치 현실처럼 느낀다. 영화를 관람할 때 단지 허구일 뿐이라는 걸 인지하지만, 스크린에서 나오는 장면이 마치 실제 일어난 것처럼 공포를 느끼는 것이다. 관객들은 때로는 자리에서 벌떡 일어나기도 하고, 눈을 감아버리기는 반응을 한다. 영화가 끝났을 때 비로소 공포감이 줄어들고, 차분하게 일상적인 감정 상태로 복귀한다. 그러나 영화를 보는 동안 극심한 불안을 느꼈다면, 짧은 시간 안에 회복할 수 없다. 오랜 기간 불안에 머물러 있어 다시 일상으로 돌아가는 것이 쉽지 않은 것이다. 외견상으로는 해롭지 않은 사건임이 틀림없어도 일상생활에 영향을 미치는 불안의 계기가 되고, 이에 심신의 반응을 일으킨다.

우리의 뇌는 실제로 두려움을 느낄만한 끔찍한 것은 어디에도 없다는 사실을 '항상' 인지하지는 못한다. 인간을 위험으로부터 보호할 목적을 가진 투쟁-회피 반응 시스템은 판단이나 생각을 보관하는 뇌의 영역을 거쳐 가지 않는다. 다시 말해, 당신이 스트레스가 촉발된 사건을 해석하고 합리화하는 영역을 피해서 자동으로 가동된다는 의미다. 그래서 실제로 내 주변에 존재하지 않는 가상의 상황에서도 실제 같은 불안이나 공포를 느끼는 것이다.

또한, 일부 사람들은 다른 사람들보다 불안을 더욱 극심하게 겪는데, 그 원인은 그들의 개인적인 경험에서 찾을 수 있다. 어린 시절 사고나 부상, 만성적인 질병으로 아팠던 경우나 주변 사람의 죽음 혹은 사고를 목격하여 얻은 심리적 외상은 경험 이후 시간이 지나도 계속 불안한 마음에 영향을 미친다. 또한, 심리적 혹은 언어적 학대에 노출된 불안정한 환경에서 자라난 사람은 안정적인 환경에서 자란 사람에 비해 더욱 불안 증상에 민감할 수 있으며, 불안 장애에 걸릴 위험 또한 더욱 크다고 알려져 있다.

한편 강렬한 감정을 느낀 과거의 경험을 성인이 되어서도 비슷하게 경험할 수 있다. 예를 들어, 어린 시절 사람들 앞에서 자기 생각을 이야기하다가 비웃음이나 평가절하로 수치감을 느꼈다면 성인이 된 후에도 사회에서 사람들과 의사소통을 할 때마다 당황하거나 알 수 없는 수치심을 느끼기도 한다.

또한, 신경생물학적 관점으로 보았을 때, 유전적 요인 또한 개인이 느끼는 불안의 정도에 한몫을 차지한다. 일찍이 많은 연구에서 심리적 민감성이 여러 세대를 거쳐 전달된다는 점을 밝혀냈다. 필자의 부모 또한 그들의 부모로부터 불안의 유전적 요인을 물려받은 것이다. 여러분의 불안이 정확히 어디에서 시작된

건지 찾아내기는 어렵지만, 원인을 확인하려 노력하는 것만으로
도 불안을 이해하고, 감정을 관리하는 데 도움이 된다.

필자의 아버지는 상당히 불안하고 걱정이 많은 사람이었다.
그러나 결코 이 문제에 대해 치료받거나 도움받으려고 하는 것
을 본 기억이 없다. 대신 자신의 두려움을 부인이나 자식들에게
해소했던 것 같다. 그는 종종 처벌하듯 냉정한 방식으로 나와
나의 남동생을 훈육하였고, 어머니에게는 매우 무례하게 행동
했다. 감정을 표현하는 방식에도 문제가 있었다. 종종 분노가 치
밀어 폭발적으로 감정을 표현하는 경향이 있었다. 급격한 기분
변화는 때로는 언어적 혹은 육체적 학대로 이어지기도 했다. '들
어가며'에 언급한 바와 같이, 나는 여덟 살이 되던 해부터 언제
찾아올지 모를 공황발작에 극심한 불안감을 느꼈다. 스무 살이
되면서 비로소 치료를 시작했고, 불안의 역사에 관해 통찰할 수
있었다. 나는 아버지의 불안정한 심리적 요인을 물려받았을 뿐
만 아니라, 그의 정서적 혹은 육체적 학대에 지속해서 노출된 피
해자였다. 물론 단편적인 몇 개의 사실만으로 이러한 결론을 내
리지는 않았다.

필자는 지금까지도 스스로 불안에 대해 정보를 종합하며 분
석하고 있다. 유전적인 요인에 의한 것일 수도 있고, 오래 계속
된 아버지의 폭력성 때문일 수도 있다. 아니면 두 가지 요인이 모
두 영향을 끼쳤을 수도 있다. 남동생은 나와 같이 불안정한 집안
환경에서 태어나고 함께 자랐다. 그러나 나처럼 극심하게 심리적

인 고통을 겪지 않는다. 나와 비교하면 불안이라는 유전적인 부분을 덜 물려받았고 기질적으로 낙천적인 성격을 타고나서, 그 결과 잠재적인 심리적 외상에 직접적인 타격을 받지 않았던 것 같다. 다시 말해, 같은 아버지의 유전자를 받아 같은 혼란스러운 환경에 놓였음에도 불구하고 나와 내 동생 중 오직 한 사람만이 불안에 취약한 사람이 된 것이다. 나와 내 동생은 어떤 차이가 있었던 것일까?

이렇듯, 환경적 요인과 유전적 요인은 모두 불안에 대한 취약성에 있어 매우 중요하다. 그러나 이러한 요인들이 불안에 고통받는 모든 사람에 적용되는 필수 요인은 아니다. 불안을 이해하기 위해서는 더 많은 차원을 살펴볼 필요가 있다.

스트레스 vs 불안

불안한 마음을 전적으로 이해하기 위해서는 불안과 스트레스를 구분하는 것이 중요하다. 그 이유는 종종 이 두 단어가 함께 사용되기 때문이다. 스트레스와 불안은 비슷한 특징을 가지고 있다. 신체적 증상으로 빠른 심장박동, 얕은 호흡, 근육의 긴장, 초조한 상태, 과민반응, 피로 혹은 수면장애 등이 있고, 인지적으로는 집중방해, 쏟아지는 생각과 과도한 걱정 등이 공통으로 나타난다. 그러나 불안은 정신적인 문제이지, 원인이 뚜렷한 스트레스와는 다소 차이가 있다.

필자는 지난 20년 동안 스트레스와 불안 사이의 분명한 차이점을 알아내기 위해 연구해왔고, 몇 가지 차이점을 발견할 수 있었다. 스트레스의 경우, 위기라고 생각하는 삶의 주요 사건과 그에 대한 걱정으로서 이혼, 대인 관계, 질병(자신과 주요 인물), 실직, 재정적인 곤란, 이사 등이 원인이 될 수 있다. 또한, 스트레스는 보통 그 사건이 해결되면 자연스럽게 사라지는 특성이 있다.

스트레스는 특정한 것에 대한 끊임 없는 걱정이라고 볼 수 있으며, 지속성은 보통 짧은 편이다. 불안은 일상적인 기능에 장애를 초래를 초래하는 반면, 스트레스는 주요 사건에만 국한된다. 게다가 개인의 삶에 긍정적인 작용을 하는 '건강한 스트레스'를 경험하기도 한다. 이는 사람의 동기를 부여하고, 학교 혹은 직장 생활에서 성취 욕구를 고무시킨다. 또한, 여러분 혹은 여러분이 사랑하는 누군가를 보호하게 한다. 이렇듯 약간의 스트레스는 세상에서 살아남는 데 꼭 필요한 것이기도 하다.

앞서 논의된 바와 같이 때로는 여러분이 느끼는 불안의 강도와 실제 불안을 촉발하는 사건 사이에는 다소 균형이 맞지 않을 때가 있다. 특정한 원인이 해결되면 사라지는 스트레스와 달리, 불안은 수개월 혹은 수년에 걸쳐 지속하는 만성적이고 일반적인 불편에 가깝다. 특정한 스트레스 촉발 사건이 지속하는 기간에만 느껴지는 스트레스 반응과 달리, 불안은 한정된 기간에 국한한 감정이 아니다. 또한, 스트레스는 단순히 끊임없는 걱정에 가깝지만, 불안은 너욱 강렬한 감정을 동반한다. 계속되는 공포감과 끝이 없을 것 같은 막연함에 무력감이 느껴진다. 이런 강렬한 감정이 지속하면, 촉발 사건이 무엇인지 확인하는 것조차 어려울 것이다.

불안은 두려운 생각들이 동반하는 것은 물론, 비극적이고 과민한 방향으로 인지를 방해한다. 왜곡된 신념과 비관적인 관점으로 세상을 바라보며 하루하루 일상적인 삶, 즉 학교생활이나 회사 생활 등에 심각한 장애를 일으킨다. 이러한 만성적인 불안은 때때로 수치심과 자기혐오로 번져 도미노 현상처럼 삶 전체를 무너뜨려 무력감을 경험케 한다.

한때 낙제로 인해 퇴학을 당하진 않을까 스트레스를 받는다던 대학원 신입생 엠마를 치료했던 적이 있었다. 그녀는 온종일 지속하는 극심한 걱정 때문에 학교생활에 집중하는 것조차 어려웠다. 밤에는 불면증에 시달렸고, 식욕부진, 숨 막힘 등의 증상과 더불어 가족들이 자신에게 실망할 것이라는 끊임없는 걱정에 고통스러워했다. 그녀는 이런 증상을 '스트레스'라 표현하며, 이 때문에 대학원에서 친구를 사귈 수도, 대학원에서 요구하는 각종 능력을 발휘할 수도 없을 것이라며 자신을 부적절하게 표현했다. 그리고는 종종 불안한 눈으로 "선생님, 지금 저한테 무슨 일이 일어나는 건가요? 제가 무엇을 잘못했나요? 저는 반드시 이 문제를 해결해야만 해요"라고 말하곤 했다.

나는 엠마에게 이런 불안정한 상태가 얼마나 지속했는지 물었다. 그녀는 대답을 이어나가며 점차 자신이 상당히 긴 시간 동안 걱정과 불안에 시달려왔음을 발견했다. 특히 엠마가 느낀 불안은 학업과 많은 연관이 있었다. 그녀는 삶에서 학업과 관련한 여러 사건을 마주할 때마다 실패자가 된 것 같은 기분을 느끼곤 했다.

엠마를 치료하는 동안 나는 그녀가 스트레스와 불안의 차이를 이해할 수 있도록 도움을 주었다. 그녀가 겪고 있는 증상은 즉시 주의를 기울여야 하는 극심한 불안 징후라고 진단했다. 또한, 그 증상을 버려두면 고통이 더욱 심해질 뿐만 아니라, 학업을 무사히 마치는 것도 자신의 능력을 발휘하기도 상당히 어려울 것이라고 말했다. 엠마는 그 사실을 받아들이고 나서야 자신이 무언가 잘못한 것이 아니라는 사실에 안도했다.

엠마는 단순한 스트레스가 아니라 '불안'이라는 정신적인 문제였음을 이해하고 나서야 그녀 자신에 대해 덜 비판하게 되었고, 자신이 겪는 증상에 대해 스스로 연민을 느낄 수 있었다. 동시에 자신의 감정을 더는 무시하지 않고 안정을 찾기 위해 애쓰기 시작했다. 즉 '불안 장애'라는 진단이 그녀를 안심시키고, 원인에 집착하기보다 증상을 진지하게 들여다보도록 만든 것이다.

이후 엠마는 치료 회기 동안 불안한 감정을 다룰 수 있도록 대처 도구를 학습하였다. 이 도구는 그녀의 증상을 경감시켜주었을 뿐만 아니라, 빠르게 쏟아지는 생각들의 속도를 늦추고, 학년을 무사히 통과할 수 있도록 안정감을 느끼게 해주었다.

〈정신장애 신단 및 통계편람DSM-5〉에서는 불안에 취약한 사람들에 대해 몇 가지 진단 기준을 명시하여 '불안 장애'로 분류해 놓았다. 자신이 '불안 장애'라고 진단을 받는다는 것은 그 자체만으로 큰 의미가 있다. 이유를 알 수 없는 극심한 불안으로 인해 고통을 겪었던 지난 시간을 정당화해주기 때문이다. 다시 말해, 진단이 내려진다는 것은 임상적으로 증명된 증상으로 오랜 시간 충분히 고통받을 만했다고 인정한다는 뜻이다. 이는 오랜 시간 단순히 컨디션으로만 치부하며 스스로 이겨내지 못한다는 죄책감을 심어주던 주위 사람들의 주장을 반박하도록 해준다. 또한, 진단을 받는다는 것은 치료될 수 있다는 것을 의미하며, 통계적으로 불안이 자신뿐만 아니라 많은 사람이 겪고 있는 증상임을 확인하는 것이다. 이로써 여러분은 혼자가 아니라는 사실에 안도감을 느낄 수 있다. 따라서 불안을 느낄 때마다 자신을 스스로 원망하고 해치는 예전 방식에서 벗어나 불안감을 효과적으로 다루는 전문적인 방법을 찾을 수 있는 용기를 가져야 한다.

막연한 불안으로 고통받는 '범불안장애'

불안 장애 중에 가장 일반적이고 기본적인 것은 범불안장애generalized anxiety disorder이다. 범불안장애는 특별한 원인이 없이 막연하게 불안을 느끼거나, 매사에 걱정이 지나쳐서 생활에 지장을 받을 정도로 고통스러운 증상을 말한다. 불안 장애는 범불안장애 이외에도 공황장애panic disorder, 강박 장애obsessive compulsive disorder, OCD, 사회공포증social phobia, 외상 후 스트레스 장애post traumatic stress disorder, PTSD, 공포증phobia 등으로 분류되며, 모든 증상은 가벼운 수준에서 극심한 수준까지 범위가 매우 다양하다. 증상이 매우 극심하면, 생활에 매우 큰 지장을 초래하며 때로 치료가 어려운 예도 있다.

범불안장애는 통제할 수 없는 걱정과 스트레스를 주는 근원에 대한 과도한 몰입에서 비롯된다. 때때로 명백한 설명이 불가능한 증상이 포함되기도 한다. 사람들은 이런 통제 불가능한 감정을 끝낼 수 없어 고통스러워하고, 끊임없이 걱정스러운 생각에 몰두한다. 주로 회사 생활, 경제, 가족 건강과 더불어 자신과 관계된 것에 대해 과도하게 집착하고 걱정한다. 많은 범불안장애 환자들이 일상의 작은 이슈, 즉 약속 시각에 늦거나, 집 열쇠를 잃어버리는 것, 이웃 혹은 친구를 실망하게 하는 것 등에 과도하게 집착한다. 실제 일어날 수 있는 결과보다 훨씬 크게 상황을 인지하고 마치 재앙이 일어난 것처럼 반응하는 것이다. 초반에 언급했던 것처럼 불안과 걱정의 강도는 실제의 스트레스 상황 자체 혹은 부정적인 일이 발생할 가능성과 비교하여 균형이 맞지 않는다.

스트레스를 받는 것과 불안 장애 사이의 중요한 차이점 중의 하나는 증상의 지속 시간이다. 〈정신장애 진단 및 통계편람 DSM-5〉에 의하면, 끊임없는 걱정과 집착하는 느낌이 적어도 6개월 이상 지속하면 불안 장애로 분류된다. 불안 장애인지, 단순히 스트레스 상황에 쉽게 영향을 받는 것인지 아는 것은 이후 도움을 구하는 데 매우 중요하다.

성공적으로 불안을 관리할 수 있는 중요한 열쇠는 이 책에 제시된 정신 공학적 연습 과제들을 통해 새로운 대처 기술을 구축하는 데 있다. 불안의 촉발 요인을 알아차렸을 때 이 책에 제시된 도구를 사용하고, 여러 번 연습을 거듭한다면 자신만의 불안 관리 기술이 탄탄하게 구축될 것이다. 그렇게 단련하면, 삶이 여러분에게 주는 여러 사건에서 자동으로 불안감을 느끼는 게 아니라, 스스로 어떤 반응을 할 것인지 선택할 수 있다.

Chapter 2

신념에 도전해야
삶이 변한다

"사건 자체는 아무런 힘이 없다.
하지만 그 사건에 대해 개인이 해석한 내용은
엄청난 영향력을 갖는다"
– 에픽테토스

일반적으로 인간은 어려서부터 자신의 눈을 통해 세상을 이해한다. 유년 시절부터 가정, 학교, 부모, 종교, 미디어, 기타 환경 등에서 정보를 흡수하고 처리한다. 이 정보들이 축적되면 점차 개인적인 신념 체계belief system가 형성된다. 신념 체계란 개인이 어떠한 사건이나 사물, 상황을 이해하는 일종의 내부적 틀을 의미한다. 모든 사람은 각자 서로 다른 다양한 신념 체계를 갖게 되는데, 이는 개인에게 삶을 대하는 태도로서 삶의 의미와 목적을 제공하기도 한다. 이 신념은 큰 계기가 없다면 보통 평생 지속한다. 언제나 자신만의 신념 체계로 세상을 바라보게 되고, 확실성을 지닌 자동적 사고automatic thoughts로 자리 잡힌다.

그러나, 때로 내적 신념 체계가 불안을 만들어내기도 한다. 불안감이 깊어지면 이 신념들은 여러분의 불안을 통제하기 위해 다른 것으로 대체된다.

내적 신념 체계가 어떻게 불안을 일으킬까?

시간이 흐르면서 당신이 학습하고 채택한 고정된 믿음은 삶의 다양한 부분에 대해 고집스럽고 강한 신념으로 발전한다. 하지만 이 신념은 오직 여러분의 개인적인 믿음일 뿐이다. 이 주관적인 의견을 마치 부동의 사실로 받아들인다면 어떨까? 고집스러운 생각은 타당성이 떨어질 뿐만 아니라 상황적 대응에서도 다양성을 기대하기 어렵다. 마찬가지로 개인의 내적 신념으로서 고정된 생각을 고집한다면 통제할 수 있는 것이 한정적이고, 늘 느껴왔던 방향으로 정서적인 고통을 겪어야 한다. 내적 신념도 현실에 맞게 변화하여야 한다. 개인적인 신념 체계는 마음을 닫게 만들고, 다른 방식으로 생각할 가능성마저도 상실시킨다. 시간이 흐르면서 몇 가지 단서만으로도 자기 생각이 옳다고 선불리 판단하며, 그것만이 유일한 방향이라는 확신을 갖게 하기 때문이다. 또한, 다양한 상황을 합리적인 방향으로 바라볼 수 있는 관점을 놓치게 하고, 사건 혹은 상황, 사물 등을 있는 그대로 받아들이지 못한 채 자신만의 해석으로 오염시키고 만다.

여러분이 자신에게 부정적이거나 자멸적인 형태의 고정된 믿음을 유지하고 있다면, 불안을 느끼는 것은 불가피하다. 예를 들어, 어떤 남자가 '진짜 남자'라면 강인해야 하고, 다른 사람에게 도움을 청하는 것은 나약함의 증거이며, 절제심이 강해야 한다는 개인적 신념을 가지고 있다고 하자. 그 남자는 슬프거나 정서적으로 어려운 시간을 보낼 때마다 자신에게 비판적일 수밖에 없을 것이다. 정서적 어려움에 부닥칠 때마다 스스로 책임을 다하지 못한다는 생각에 죄책감을 느끼고, 누구에게도 도움을 구하지 못한 채 고통을 감내한다. "진짜 남자라면, 어떤 어려움도 스스로 극복해야 한다"라고 굳게 믿기에, 정서적인 어려움을 겪는다는 것 자체만으로도 자신이 열등하다는 강력한 증거가 되는 것이다. 그러나 '진짜 남자'는 강인하고 타인에 도움을 구하지 않으며, 절제심이 강해야 한다는 믿음이 단순한 개인적인 견해일 뿐이라면 이야기가 달라진다. 하나의 의견일 뿐이니 그것을 자신의 성격과 비교할만한 어떠한 기준으로 확대할 필요가 없어지는 것이다. 실제로도 많은 남성이 언제나 강인해야 하고, 절제심이 강해야 한다는 압박감에 시달리지 않으면서도 각자 나름의 행복을 누리며 살고 있다. 그들은 이 고정관념이 자신을 평가하는 기준으로 적합한지 아닌지에 집착하지 않는다. 하지만 안타깝게도 '남자다움'에 관련한 이러한 고정관념은 아직도 남자들을 평가하는 기준으로 자리 잡혀 있다. 그러면서 남자다움에 적합하지 않은 자신을 느꼈을 때 극심한 불안감에 시달린다. 그러나 기억하라. 이러한 고정관념을 받아들일지, 아닐지는 여러분의 선택일 뿐이다.

다른 경우로 여러분의 내적 신념이 '모든 일은 반드시 긍정적으로 흘러가야 한다'라는 당위적 사고로 이루어졌다고 가정해보자. 하지만 이런 신념에 도전하는 혼란스러운 상황은 아주 많을 것이다. 신념과 다른 상황이 펼쳐질 때마다 당신은 두려움과 불안을 느낄 것이다. 신념이 강하면 강할수록 기본적으로 '현실'이라고 믿어온 신념을 유지하기 위한 혼자만의 투쟁이 시작된다. 변화무쌍한 삶 속에서 이런 신념을 적용한다는 것이 가능한 것일까?

한 여성의 예를 들어보자. 어렸을 때부터 그녀의 어머니는 그녀에게 '삶의 기준'이 되는 여러 가지 조건을 알려주곤 했다. 그중 하나는, 서른 살이 되면 두 아이를 가진 엄마가 되어야만 한다는 것이었다. 만약 그렇지 않으면 일반적인 삶의 기준에 부합하지 못하는 인생이라고 말했다. 이후 그녀는 결혼과 두 아이를 가질 계획을 상상하며 종종 친구들에게 그 이야기를 했다. 그러나 20대 후반이 된 그녀는 자신이 믿어왔던 삶의 계획이 순조롭게 진행되지 않는다는 생각에 위기감이 찾아왔다. 서른 살에 가까워질수록 적당한 남편감을 찾지 못했다는 사실에 절망했으며, 몹시 불안감을 느꼈다. 그녀의 친구들은 불안에 떠는 그녀에게 결혼은 언제든 가능하고, 두 아이를 가질 시간은 충분하다 안심시키려 했지만 별 소용이 없었다. 반드시 결혼해야 한다는 그녀의 믿음만 더욱 강해질 뿐이었다. 남편을 찾지 못했다는 것에 실패자가 되었다고 느끼며 고통스러운 감정에서 벗어날 수 없었다.

몇 년 전까지만 해도 필자에게도 굳은 신념이 하나 있었다. 서른 살이 되면 탄탄한 경력을 가지고 있어야 하고, 삶의 목표가 분명해야 한다는 것이었다. 그러나 상황은 계획된 대로 흘러가지 않았다. 그 사실이 비참했고, 내가 삶을 '잘못' 살고 있다는 생각마저 들었다. 이러한 생각은 극심한 불안과 끊임없는 걱정이 되어 나를 괴롭혔다. 내가 나를 평가하는 이 기준은 곧 내 가족이 나를 평가하는 기준이기도 했기에, 그들을 실망하게 하고 있다는 절망감도 들었다. 가족들이 나에게 큰 기대를 걸고 있다는 생각이 나를 압박했다. 게다가 가까운 친구들은 이미 경력을 탄탄하게 쌓아가고 있었다. 이러한 불안감을 견딜 수 없어 심리치료사를 찾아갔다. 치료 회기가 진행되면서 이런 고정된 생각들이 얼마나 비논리적인지, 그리고 타당성이 없는 신념인지를 확인할 수 있었다. 신기하게도 그때 받았던 치료는 필자가 불안 전문 심리치료사를 하게 된 계기가 되었다.

서른 살이 되는 것에 의미를 두는 것이 과연 타당한가? 나는 단지 다른 사람보다 조금 늦게 하고 싶은 일을 찾았을 뿐이다. 조금 늦게 천직을 찾은 것이 내 자신을 우유부단하고 목적 없는 삶을 사는 방랑자로 평가할 근거가 될까? 필자는 서른셋에 심리치료사가 되었다. 불안으로 고통받는 사람들과 수많은 치료 작업을 거쳤고, 필자의 개인적인 치료 경험 등을 통해 고정된 생각의 위험성을 실감했다. 진실이라 믿어왔던 고정된 신념과 오래된 생각에 도전해야만 삶이 변화할 수 있다. 그러나 이에 우선해야 할 것은, 당신이 가진 신념 체계가 실제로 존재하고 있음을 파악하는 것이다. 이러한 이해와 확신을 거쳐야만 변화 가능한 자신의 능력을 깨울 수 있다.

❋ 신념 체계는 맹목적이며, 비판 없이 받아들이는 개인적인 가치

및 견해다. 때로는 부모로부터 물려받기도 하는데, '문화 혹은 종교에 따라 반드시 결혼해야 한다'와 같이 당위성을 지닌 의견을 예로 들 수 있다. 우리는 사회적 기준, 문화적 관습 등에 따라 인생의 안내 지침을 구성하고, 내적 신념으로 채택하곤 하는데, 아무래도 자신보다 좀 더 지혜를 지녔다고 추정되는 성스러운 조상들로부터 전해져 내려왔다고 믿기 때문인 것 같다. 심지어 어떤 신념 체계는 자신이 숭배하는 신으로부터 전해졌기 때문에 신화나 기적 같다고 믿기도 한다.

⁎ 신념 체계는 상대적 가치를 지닌 중요한 이데올로기적 원리를 지녔다고 판단된다. 삶의 권위적인 지침으로서 불변하는 이상적이고 공식적인 평가로 여겨지는 것이다. 예를 들어, '애정 관계는 반드시 이성 사이에서만 가능하다'와 같은 믿음을 들 수 있다. 그러나 이러한 신념들이 모든 사람에게 적용할만한 가치가 있을까? 이 굳어진 신념이 자신에게 적합하지 않아 '불안감'만 키운다면, 그 사실만으로도 그 신념이 과연 '진실'한지에 대해 재고해볼 조건은 충분하다. 뿌리 깊게 자리 잡은 신념은 버리기가 더욱 어렵다. 하지만 변화하려 노력한다면, 결국 그 신념은 재정립될 것이다.

애시는 56세의 남성으로, 두 아이와 사랑스러운 아내가 있다. 그의 부모는 미국 이민 1세대로서 고국의 문화와 의례를 매우 중요하게 생각했다. 애시의 딸은 스물여섯 살로, 애시와 매우 친밀한 관계를 유지하고 있었다. 어느 날 애시는 딸이 다른 문화의 남성과 진지한 교제를 시작했다는 걸 알게 되었다. 딸의 남자친구는 성공한 변호사로, 딸을 진심으로 사랑하고 있었다. 시간이 지나 두 사람은 동거를 시작했고, 결혼을 계획하였다. 하지만 애시는 그의 부모와 마찬가지로 다른 나라 사람과 결혼을 하면 안 된다는 신념을 가지고 있었기에 그들의 교제가 탐탁지 않았다. 하지만 딸의 마음을 다치게 하고 싶지도 않았다.

나를 찾아온 애시는 몹시 불안정한 모습이었다. 결혼을 허락하면 자기 부모의 노여움을 견뎌야 한다는 사실이 거북했지만, 딸을 행복하게 해주고 싶은 소망도 있었기에 그 사이에서 많은 고민을 했다. 모두를 만족시킬 수 있는 결정을 내려야 한다는 책임감에 몸부림쳤고, 모두의 행복에 있어 그의 결정이 절대적이라 믿고 있었다. 하지만 실질적인 이슈는 '문화적 차이'였다. 애시는 실제 이슈보다 상황을 훨씬 크게 확대해서 생각하며 자신을 굉장히 지치게 만들고 있었다. 그는 딸과 부모 모두를 만족시키지 못해 누군가는 실망할 것이라 믿었고, 그것을 곧 재앙이라고 해석한 것이다. 그로 인해 수개월 간 지속한 극심한 불안과 엄청난 죄책감에 시달렸다.

그는 급기야 불면증에 시달렸고, 회사에서는 일에 집중하기 어려웠다. 그런 그의 모습을 옆에서 지켜본 부인도 함께 혼란스러워했다. 몇 번의 치료 회기를 거치면서 애시는 자신이 마치 중재자이자 판사가 되어야 한다는 고정된 신념을 따르고 있음을 알아차렸다. 그런 신념 때문에 이 문제를 확대해석했고, 자신만이 해결할 수 있다는 압박감에 시달려온 것이다. 이런 사실을 깨닫고는 마치 함정에 빠진 것 같은 느낌이 들었다고 한다. 추가로 몇 회기의 치료가 더 진행되면서 그는 궁극적으로 모든 결정을 자신이 해야 한다는 신념을 내려놓아야 한다는 것을 깨달았다. 딸은 자신의 선택에 책임을 질 만큼 성장했고, 가족도 이를 인정해주어야 했다. 애시는 자녀의 결혼에 대해 자신이 가장으로서 얼마나 권위적이었는지 확인하면서 자신의 이러한 신념을 재정립하기로 했다. 결심하고 난 후 애시는 불안이 확연히 낮아졌고, 즉각적으로 삶의 질이 향상됨을 느꼈다.

자동적 사고 이해하기

신념 체계를 기반으로 생겨난 자동적 사고는 불안한 감정에 큰 영향을 미친다. 자동적 사고란 내 주변에 일어나는 일들에 대한 반응 혹은 대응으로서, 습관과 같이 즉각적으로 일어나는 생각을 의미한다. 습관적 행동은 자연스러운 반응이며, 무릎 반사같이 깨닫지 못한 사이에 자동적이고 무의식적으로 일어난다. 특히 두렵거나 불안한 상황에서 본능처럼 충동적으로 작동한다.

일단 자동적 사고가 형성되면 일상의 사사로운 사건들을 바라보며 내적 대화가 시작된다. 그리고 내적인 대화 끝에 어떤 자극이나 사건에서 각각 일어날 수 있는 결과를 상상하고, 그 결과는 불안을 느끼기에 충분하다고 단정한다. 사실 조금만 따져봐도 그 결과가 반드시 일어날 것이라는 근거는 매우 빈약하다. 하지만 사실 여부에 대한 어떤 분석도 없이 그것을 무조건 받아들여 스스로 만든 불안에 고통을 느끼곤 한다. 따라서 이 책 전반에 걸쳐 이 신념을 변화시키거나, 자동적 사고를 재정립할 방법에 대해 논의하겠다. 우선 여러분이 가지고 있는 믿음이 무엇인지 확인하고, 어떻게 불안에 영향을 미치고 있는지 이해하는 과정부터 시작할 것이다.

자동적 사고는 유년 시절에 학습된 믿음이다.

앞서 말한 대로 개인적 신념 체계나 자동적 사고는 출생 이후 학습을 통해 정립된다. 어릴 적부터 부모, 종교, 환경, 미디어, 학교, 친구 등에 의해 학습되며, 어떠한 사회적 상황에 대응해 가며 스스로 학습하기도 한다. 이런 신념은 불안한 상황에서 자신이나 중요한 사람을 보호하는 수단이 된다.

예를 들어, 여러분의 파트너가 여러분이 원하지 않는 역할을 요구하면서 생기는 갈등 상황을 상상해보자. 어린 시절 부모와 갈등을 피하는 유일한 방법으로서 자신의 요구를 감추고, 부모의 요구를 순순히 따르는 방식으로 위기를 모면했다면, 성인이 되어서도 단순히 타인의 요구에 반감이 생기면 드러내지 않은 채 순응하는 방식으로 위기를 모면하려고 할 수 있다. 또 다른 예로, 어린 시절 학업을 완벽하게 해내지 못했거나 부모의 기대에 부응하지 못해서 매우 엄격하게 처벌받은 경험이 있다면, 성인이 되어서도 여전히 완벽함에 집착할 수 있다. 회사에서 실수하거나, 동료의 기대에 미치지 못했다고 느꼈을 때 과거에 처벌받았던 불안과 수치심이 연결되어 완벽하지 못한 자신에게 분노가 생기는 것이다. '완벽하게 일을 해내지 못하면, 재앙이 뒤따를 것이다'라는 자동적 사고가 형성되었음을 스스로 인지하지 못하면, 실제로 나쁜 일이 발생할 가능성이 전혀 없는데도 조금이라도 완벽하지 않다고 느끼는 순간 알 수 없는 불안감에 휩싸일 수밖에 없다.

하지만 다행히도 여러분이 학습한 신념을 확인하고 내려놓기로 한다면, 불안에서 벗어나 자유로워질 수 있다.

자동적 사고는 무의식적이고 충동적이다.

자동적 사고는 자동으로 일어나며 때로는 무슨 일이 벌어지는지, 실제 느낌은 어땠는지 고려할만한 시간마저도 허락하지 않는다. 이러한 충동적인 방식은 나중에 후회를 남기기도 하고, 불안을 가중하기도 한다. 예를 들어, 직업적으로 반드시 성공해야 한다는 개인적인 신념에 집착하게 되면, 언제나 '완벽'을 추구하려 할 것이다. 완벽하지 못한 것은 곧 '실패'라고 믿는 것이다. 어느 날, 직장 상사가 여러분이 최근 맡은 프로젝트에 대해 좋지 않은 피드백과 함께 건설적인 비판을 했다고 하자. 상사는 개인적으로 여러분을 좋아하고, 당신과 함께 일하는 것에 즐거움을 느끼고 있음에도 불구하고, 비판했다는 사실만으로 당신에겐 위협적인 느낌을 줄 수 있다. 아마도 여러분은 자신의 불안을 덜기 위해 필사적으로 방어하며, 직장 상사에게 이번 프로젝트에 대해 후회하고 있다고 과도한 변명을 늘어놓거나, 반대로 비판에 어떠한 변명도 하지 못하고 이후 그 상사를 뒤에서 몰래 험담하는 방식으로 보복하려 할 수도 있다.

이 두 가지 행동 모두 비극적인 결과를 상상하면서 비롯된 결과이다. 한편 이번 평가가 인사고과에 반영될 것이라는 비관적인 시나리오를 쓰거나, 심지어 그로 인해 해고당한다고 생각할수도 있다. 자신에 대한 비판은 세상이 끝날 만한 일이고, 완벽하지 못했다는 사실은 실패와 같다는 개인적 신념에 압도당해

극단적인 상황을 상상하며 고통을 느끼는 것이다.

이런 자동적 사고에 지배당하는 자신을 내버려 둘 것인가? 당신은 본능대로만 움직이는 동물이 아니다. 삶에서 충동적인 생각과 자동적인 사고를 초월할 수 있는 '인간'이다. 상사는 여러분의 잠재성을 발휘하도록 돕기 위해 여러분의 프로젝트 수행에 대해 건설적인 비판을 했을 뿐이다. 하지만 여러분의 믿음이 이미 부정적인 결론을 내버려, 더는 자신에게 도움을 주려는 상사로 느껴지지 않게 한다. 만약 여러분이 매사에 충동적으로 반응하는 편이라면, 여러분의 본성을 초월하여 마음을 다스려야 한다.

자동적 사고는 드물게 도전을 받는다.

자동적 사고는 무릎 반사처럼 매우 재빠르고, 의문을 제기할 수 없을 정도로 탄탄하게 자리 잡혀서 의심할 수 없는 진실이라 굳게 믿게 한다. 이러한 고정된 생각에 갇히면, 다른 생각의 틀을 고려하기가 매우 어렵다. 그 믿음에 어떠한 의심도 하지 않는 것은 물론, 심지어 자신이 무슨 생각을 하고 있는지조차 알아채기 어렵다.

필자는 10대 시절을 뉴욕에서 보냈다. 당시 내가 공부에 별흥미가 없었던 것을 잘 알고 있었다. 고등학교 시절 내내 가정교사가 있었고, 특별 지도와 많은 자습 시간을 가졌음에도 번번이

학과 시험에서 낙제했기 때문이다. 더욱 안타까웠던 것은, 이러한 과정에서 '나는 영리하지 못해'라는 자동적 사고를 갖게 된 것이다. 이러한 생각에 이의를 제기할 수 없었던 이유에는 아버지의 영향도 있었다. 그는 종종 나의 학과 성적에 대해 비난했고, 좋은 성적을 받지 못하면 앞으로 절대 잘 살지 못할 거라 말씀하셨다. 이는 곧 나의 자동적 사고로 굳어졌다. 공부를 잘하지 못하니 앞으로 잘 살아가지 못할 거라는 두려움을 갖게 되었다.

20대 후반이 되었을 때 내가 영리한 사람이 아니라는 고정된 믿음은 잘못된 사실일 수 있음을 알았다. 사실 나는 많은 능력을 갖춘 다재다능한 사람이었다. 글 쓰는 데 재능이 있었고, 악기를 잘 다루었으며, 스포츠에 능했다. 내가 영리하지 못하다는 것은 사실이 아니었다.

자동적 사고는 비논리적이며, 실제와 균형이 맞지 않는다.

자동적 사고는 무모하며, 보통 비극적인 특성을 가지는데, 종종 실제 상황의 심각성과 균형이 맞지 않는다. 주로 상황을 왜곡하여 인식하는데, 한 예로 흑백논리를 들 수 있다. 흑백논리는 중립을 인정하지 않은 채 양극단의 사실만을 인지하는 비논리적이고 편협한 사고를 의미한다. 예를 들어 이별을 겪은 후 자동으로 떠오르는 극단적인 생각을 떠올려 보자. 우리는 자신이 이전에 얼마나 분별 적이고 독립적인 사람이었는지는 잊은 채 "나는 지금부터 영원히 혼자일 것이다" 혹은 "나는 절대로 그 사람만큼 사랑하는 사람을 찾을 수 없을 것이다"와 같은 생각을 하곤 한다. 이러한 극단적인 생각에 사로잡혀 고통과 애통을 느끼며 다시 독신의 삶으로 돌아가는 것을 몹시 두려워한다. 또한, 이별의 두려움에 압도되어 이별의 좋은 점을 파악하지 못한다. 삶은 매 순간 선택의 연속이며, 이별 또한 나의 선택이 반영된 것이다. 이 사실을 인지하지 못하고 얼마나 비논리적으로 사고하고 있는지, 알아채는 것은 변화를 위한 첫 번째 단계이다.

자동적 사고는 오래 유지된 핵심 문제를 반영한다.

자동적인 생각은 종종 자기 비판적인 특성이 있다. "나는 정말 멍청해" 혹은 "나는 과거에 더 잘 해야 했어", "나는 항상 실패해" 등을 들 수 있다. 이러한 생각들은 여러분의 정체성에 관련하여 오랜 시간 유지해왔던 개인적인 핵심 이슈를 대변한다. 그러면서 뇌에서 반복 재생되는 자멸의 사운드트랙이 되어 매 순간 영향을 끼친다. 또한, 이 자동적 사고들은 개인적인 신념 체계의 구성 요소가 되어 어떤 상황에서든 자신만의 해석으로 상황을 받아들이게 만든다.

핵심 이슈의 자동적 사고의 예로, "나는 부족한 사람이다"를 들 수 있다. 어린 시절 친구와 멀어지는 경험을 하고, 학교에서 인기가 없던 학생이었다면, 자신이 뭔가 잘못된 사람이라 여길 수도 있고, 대인 관계에서 우정과 사랑은 가치 없는 일이라 믿을 수도 있다. 이러한 사고는 벗어날 수 없는 불변의 법칙처럼 마음에 새겨진다. 어른이 된 후에도 새로운 사람과 만나는 파티에 초대될 때면, "아무도 나에게 말을 걸어주지 않을 거야. 누구도 나를 좋아해 주지 않겠지"라고 자동으로 판단하게 된다. 또한 "나는 파티에서 내내 너무 어색해하겠지. 단 한마디도 할 수 없을 거야. 그렇게 될까 봐 너무 불안해"라는 생각으로 이끌 것이다. 그래서 결국 모임에 나가지 못하는 자멸적인 행동이 반복되고, 이러한 자동적 사고는 또다시 의문의 '성공'을 거두게 된다. 그러나 이 사운드트랙은 일단 직면한다면 다시 녹음할 수 있다. 직면을 위해 가장 먼저 해야 할 일은 신념 체계를 구성한 자동적 사고를 확인하는 일이다.

내 생각을 좌우하는 믿음 들여다보기

자신의 신념 체계와 자동적인 반응이 무엇인지 확인할 수 있는 최상의 방법을 소개하겠다. 다음에 나오는 연습 과제를 책에 직접 적어도 좋고, 컴퓨터에 파일로 작성해도 좋다. 그다음 여러분의 믿음 혹은 여러분 가족의 믿음을 떠올려 보라. 오랜 시간

고민하지 말고 처음 떠오르는 것을 적는 게 중요하다. 즉, 최초의 반응이자, 자동적 사고여야 한다. '좋다거나' '올바르다'라고 여기는 방향으로 답해서는 안 된다는 사실을 명심하라.

예를 들어, 정치와 관련해서는 "모든 정치인은 사기꾼이다"라는 믿음이 떠오를 수 있다. 직업에 관해서는 "성공하지 못하면, 사람들은 나를 싫어할 것이다."라는 믿음이 있을 수도 있다. 각각의 주제에 대해 처음으로 떠오르는 생각을 적도록 하라.

직업

나의 직업에 대해 ＿＿＿＿＿＿＿＿＿＿＿＿ 라고 생각한다.

가족들의 직업에 대해 ＿＿＿＿＿＿＿＿＿＿ 라고 생각한다.

돈

나는 돈에 대해 ＿＿＿＿＿＿＿＿＿＿＿＿ 라고 생각한다.

가족들은 돈에 대해 ＿＿＿＿＿＿＿＿＿＿ 라고 생각한다.

결혼

나는 결혼에 대해 ＿＿＿＿＿＿＿＿＿＿＿ 라고 생각한다.

나의 가족의 신념은 ＿＿＿＿＿＿＿＿＿＿ 라고 생각한다.

종교

나는 종교에 대해 ＿＿＿＿＿＿＿＿＿＿＿ 라고 생각한다.

가족들은 종교에 대해 ＿＿＿＿＿＿＿＿＿＿＿＿＿ 라고 생각한다.

정치

나는 정치에 대해 ＿＿＿＿＿＿＿＿＿＿＿＿＿ 라고 생각한다.

가족들은 정치에 대해 ＿＿＿＿＿＿＿＿＿＿＿ 라고 생각한다.

빈칸을 채우면서 새로 알게 된 것이 있는가? 여러분의 믿음은 가족의 믿음과 다른가? 아니면 가족의 믿음이 반영되는가? 자동적 사고를 되돌아보면 여러분의 믿음이 시간이 흐르면서 변화되었다는 것을 발견할 수 있다. 혹은 오랫동안 같은 확신을 고집해왔음을 느낄 수도 있다. 어느 쪽이든 여러분이 작성한 내용은 여러분이 인지한 현실 혹은 세계의 기반이다. 아니면 여러분의 소망 혹은 그렇게 되어야 한다는 생각이 반영되었을 수도 있다.

이제 또 다른 연습 과제로 안내하겠다. 최근에 다소 갈등을 겪었던 사람과의 대화를 떠올려 보자. 그리고 상대방은 위의 연습 과제에 어떤 답을 할지 상상해보자.

어떤 느낌이 드는가? 혹시 나와 다른 생각을 하는 게 잘못되었다고 느끼는가? 딱히 기억나는 사건이 없다면 이후에 사람과의 대화에 주의를 기울여보자. 이런 연습을 통해 다른 사람의 믿음을 확인하고, 얼마나 맹목적으로 자신의 믿음만 고수해 왔는지 깨닫는다면 유연한 사고를 할 수 있도록 신념들을 그 믿음을 내려놓을 수 있을 것이다.

결혼 문제에 관해 다른 생각을 하는 친구를 예로 들어보자. 여러분의 친구가 "결혼은 성적 취향과 관계없이 모든 사람이 할 수 있는 제도이다"라고 말하고 있다. 하지만 당신은 "결혼이란 오직 남자와 여자 사이에서만 가능하며, 이 둘이 아이를 낳지 못한다면 그것은 적법한 결혼이 아니다"라는 믿음을 가지고 있다고 치자. 결혼의 허용 범위를 보는 관점에 이렇게 큰 차이가 있다는 것에 대해 어떻게 느끼는가? 만약 여러분과 다른 관점으로 생각해 본 적이 없다면 실로 충격적이라 여길 수도 있다. 어떻게 그렇게 나와 다른 생각을 할 수 있을까? 그 친구의 의견이 매우 비논리적으로 느껴져 제정신이 아닌 사람처럼 보일 수도 있다. 심지어 불안정하고 신뢰하지 못할 사람이라고 재빠르게 판단하기도 한다. 하지만 여러분과 다른 신념을 가진 사람도 여러분에 대해 같은 평가를 할 수 있다. 믿음에 과하게 몰입되어 있다면, 그 이상의 것들을 볼 수 없기 때문이다.

이번엔 과거에 비슷한 생각을 가졌던 사람과 대화했던 것을 떠올려 보자. 이런 경우에는 저절로 그 사람들을 존중하게 되고, 생각이 비슷하다는 이유로 절대적인 믿음이 생길지도 모른다. '불안정한 사람' 혹은 '신뢰하지 못할 사람'이라는 생각은 절대 떠오르지 않을 것이다. 단지 공통의 믿음을 가졌다는 사실만으로 다음과 같은 긍정적인 평가가 자동으로 떠오르는 것이다.

- 그/그녀는 매우 훌륭한 사람이다.
- 그 사람은 매우 좋은 남자/여자임이 틀림없다.
- 그/그녀는 같은 생각을 하는 것으로 보아 지적인 사람임이 분명하다.
- 그/그녀는 나처럼 머리가 좋다.

이런 자동적인 판단은 공유된 신념에서 비롯된다. 하지만 때로는 이런 자동적인 사고가 어떤 사람을 정확히 인지하지 못하게 만들기도 한다. 그 때문에 자동적 사고가 현재 내 인생에서 어떤 영향을 끼치는지 아는 것은 매우 중요하다. 이에 관해서는 다른 장에서 자세히 언급할 것이다.

지금은 개인적 신념 체계에 대한 인지를 높이는 데 주력하고, 자동으로 떠오르는 생각들을 정리하는 것이 우선이다. 여러분이 컴퓨터가 되었다고 상상해보라. 우리는 지금 자신의 개인적인 '설정'을 변경하려고 시도하고 있다. 나와 다른 생각을 하는 사람들도 사실 매우 훌륭한 인격을 가지고 있고, 논리적으로 사고하는 사람이다. 이 사실을 받아들이는 게 불안한 마음을 다스릴 수 있는 데 큰 도움이 될 것이다.

Chapter 3

자신의 목소리에
집중하라

"현실은 단지 매우 오래 지속하는 환상에 불과하다."

– 알버트 아인슈타인

그동안 스트레스와 과도한 걱정과 불안으로 고통받는 환자들을 만나오면서, 대부분 환자가 '합의 현실Consensus Reality'이라는 것에 매달려왔음을 깨달았다. 합의 현실이란 사람들 대다수가 무의식적으로 진실이라고 여기는 특정 사건에 대한 맹목적인 믿음이다.

　합의 현실은 생각하고 행동하는 방법에 대해 확고한 규칙을 지킨다. 성공하는 방법이라든지 남을 사랑하는 방법, 신을 어떻게 믿어야 하는지, 일상에서 부딪치는 각종 사건에서 무엇을 느껴야 하는지 등에 대해 '단 하나의 견해나 방법'만이 존재한다고 간주한다.

　필자는 어린 시절부터 성인 초기동안 '믿을 사람은 아무도 없다.'라는 아버지의 말에 근거하여 합의 현실을 고수해 왔다. 아버지는 종종 자신이 사업 관계자들은 물론 그들의 가족에게도 부당한 대우를 받아왔다고 주장했다. 그래서 "모두를 사랑하되, 아무도 믿어선 안 된다"라는 좌우명으로 살아왔다고 하였다. 아버지는 매사에 매우 부정적이었고, 가끔 나에게 자신을 괴롭혔던 수많은 배신자에 대해 들려주고는 하였다.

　유감스럽게도, 아버지는 이러한 사건들이 얼마나 자신에게 깊은 상처를 남겼는지에는 관심이 없었다. 그는 단지 배신자들이 떠오를 때면 분노를 느꼈을 뿐이다. 급격한 분노는 종종 그의 시야를 흐리게 하였고, 그의 믿음에 어떠한 의문도 품지 못하게 만들었다. 그간 받아왔던 상처를 회복하지 못한 채 모든 사람은 나쁘다고 결론 내리며 '믿을 만한 사람은 아무도 없다'라는 합의 현실을 만들어낸 것이다. 그렇게 그의 합의 현실은 불안한 세상을 이해시켜주는 안전한 방패막이가 되었다.

여러분은 어떠한 합의 현실을 가졌는가? 그 현실을 기준으로 무엇이 옳은지 그른지에 집착하여 시간을 허비하고 있지는 않은가? 혹은 완벽해지려고 노력하느라 다른 기회를 놓치지는 않는가?

여러분의 합의 현실은 '반드시', '당연히' 지켜야만 하는 규정처럼 여겨지고 있을 것이다. 하지만 이 규정으로 인해 여러분이 무언가를 억압하고 있거나 다른 기회를 잃고 있지는 않은지 생각해 보라. 사회적 규범, 가족의 기대, 종교적인 교리 혹은 나에게 중요한 사람이 주장하는 근거 없는 강요 때문에 마치 노예가 된 것은 아닌지 따져보라. 맹목적으로 이 합의 현실을 따른다는 것은 고유의 내적인 목소리에 집중하는 것을 방해하고, 내가 실제로 마주하는 자신, 혹은 나에게 중요한 사람 그리고 환경들에 대해 나의 고유 의견을 외면하게 만든다.

이 책의 후반부에는 나만의 '고유 현실'을 어떻게 만들 수 있는지 논의할 것이다. 우선 현재 나의 합의 현실을 정확히 파악해야 한다. 어디서부터 온 합의 현실인지 인지하는 것은 그동안 고수해 온 신념에 도전하기 위한 첫걸음이다.

사실 실제로 합의 현실 같은 것은 없다. 애초에 그러한 현실이 존재하지 않는다는 것을 이해하는 것이 매우 중요하다. 오직 나만의 필터를 통해 세상을 어떻게 바라보는지가 있을 뿐이다. 나의 삶을 바꾸기 위해서는 스스로 자기만의 필터를 찾아야 하고, 삶을 바라보는 새로운 시각을 가질 수 있어야 한다. 이 능력은 나만이 찾을 수 있다. 일단 자신만의 고유한 필터를 찾게 된다면, 나를 위한 완전히 새로운 세계가 열릴 것이다. 곧 여러분은 "나만의 고유한 현실을 만들 수 있다"라는 사실을 이해하기 시작할 것이다.

고유 현실을 만드는 힘을 가졌다는 사실을 받아들이면, 그간 사실이라 믿어온 '여자(혹은 남자)라면 당연히' 혹은 '나는 반드시' 등의 규칙에 얽매이지 않게 될 것이다. 또한, 다양한 환경에서 당위적인 행동 지침의 노예가 되지 않을 것이다.

그러한 규칙에서 자유로워진다면, 평가나 수용에 대한 외부의 반응에 더는 집착할 필요가 없어진다. 또한, 나 자신의 평가 기준에서도 자유로워질 것이다. 또한, 이러한 사고는 여러분이 느끼는 불안감의 발생 빈도나 정도를 줄이는 역할을 한다.

드류의 사례

드류는 엔터레인먼트 회사에서 일하는 변호사다. 기혼이고, 자녀는 없다. 그는 소위 말하는 '고속도로 공포증'을 호소하며 도움을 받기 위해 나를 찾아왔다. 그는 운전할 때 고속도로를 지나지 못하는 것 외에는 일상생활에 아무런 문제가 없다고 말했다. 시내나 국도에서 운전하는 것은 아무런 문제가 없었지만, 고속도로에만 진입하면 항상 극심한 불안감을 느낀다고 호소했다. 고속도로에 진입하려고 시도할 때마다, 심장이 두근거리거나, 호흡이 가빠지고, 손바닥에 땀이 흥건해졌다. 심지어 현기증이 나고 질식할 것 같은 증상도 겪었다. 그런 증상은 그가 신속하게 이동해야 하는 상황마다 큰 방해가 되었다.

고속도로 공포증 증상은 회사 업무로 인해 스트레스가 극에 달했던 어느 날, 집으로 돌아가는 고속도로에서 시작됐다. 당시 그는 급작스러운 공황 증상에 강렬한 공포감을 경험했다. 즉시 가장 가까운 응급실에 찾아가 병원에서 다양한 검사를 했지만, 별문제가 없다는 답변을 받았다. 어떠한 진단도 없이 집으로 돌아와야만 했는데, 아무런 문제가 없다는 사실도 그를 분노케 하였다.

치료가 진행되는 몇 개월 동안, 드류는 자신에 대해 얼마나 높은 평가 기준을 가졌는지, 얼마나 자신에게 비판적이었는지에 대해 이야기하였다. 그는 자신이 모든 사람을 만족시켜야 한다는 신념이 강하다고 말했다. 그의 부모는 외모에 신경을 많이 쓰고, 항상 타인에게 좋은 평가를 받기를 원했으며, 성공한 모습을 보여 주는 것이 매우 중요하다고 여겼다. 어린 시절부터, 그는 가족이 정한 기준에 맞춰 살았고, 두 형과 비교당하며 그들을 본받도록 강요당했다. 성인이 되자 첫째 형은 성공적인 변호사가 되었고, 둘째 형은 할리우드의 유명한 영화 스튜디오를 가진 사업가가 되어있었다. 드류는 형들을 닮고 싶었지만 따라가는 것은 항상 너무나 힘겨웠다.

치료가 진행되면서 드류는 그의 업무 환경에 대한 고충도 털어놓았다. 매우 경쟁적인 분위기라는 것이다. 정기적으로 초과 이익을 내야 하는 업무 환경은 항상 그를 압박했다. 드류는 가족들의 높은 기준에 맞추어 어려운 업무 환경 속에서도 반드시 성공해야 한다고 믿었고, 이러한 생각 또한 그를 매우 압박했다. 이런 버거운 생활 속에서 현재 다니는 회사를 그만두고 어려서부터 꿈꿨던 고등학교 교사가 되는 상상을 하는 게 유일한 낙이었다고 했다.

치료 회기가 거듭되며 드류는 자신의 의지보다는 부모를 만족시키기 위해 변호사를 선택했다는 것을 알게 되었다. 그의 아버지는 현재 은퇴한 외과 의사였고, 그의 어머니는 유능한 엔지니어였다.

드류는 그런 부모에게 항상 열등감을 느꼈다. 자신이 어떤 직업을 선택하더라도 부모가 이루어놓은 성공에 도달할 수 없으리라 생각했다. 드류의 삶을 이야기할 때 빠질 수 없는 것은 그의 외할머니에 관한 이야기이다. 그는 어린 시절부터 외할머니와 매우 친밀하게 지내왔다. 드류의 외할머니는 홀로코스트Holocaust* 생존자로서, 외상을 지닌 매우 가부장적인 가장이었다. 마치 외할머니가 자신의 어머니보다 더욱 어머니 같다고 느껴질 정도였다.

외할머니는 함께 있을 때마다 드류에게 자신이 겪었던 일들을 들려주곤 했다. 드류는 외할머니의 충격적인 경험담을 듣는 것이 매번 불편했지만, 그녀를 위해 머물러주는 것이 자신의 의무라고 여겼다. 고통스러운 외할머니의 인생 이야기를 오랫동안 들어오며 드류는 자신이라도 더는 고통을 주어서는 안 된다고 생각했다. 항상 외할머니의 눈치를 봤고, 매우 조심스럽게 행동했다. 드류는 이런 자신의 행동이 이후 모든 사람에게 적용되어 대인 관계에서 조심스럽게 행동하게 되었다는 것을 깨달았다.

애초에 그는 '고속도로 공포증'으로 도움을 받기 위해 나를 찾아왔지만, 실제로 그를 고통스럽게 하는 것은 고속도로가 아니었다. 성공, 직업, 인간관계, 가족 내 의무 등에 대한 기준이 매우 융통성이 없고, 또 조금도 포기할 수 없는 '합의 현실'에 스스로 동조하고 있었다는 것이 문제였다. 특히, 합의 현실에 부합하여 살아가지 못한다면 그의 가족들의 사랑을 잃을 것이라는 생각에 극심한 두려움을 느끼고 있었다. 드류는 아래와 같은 개인적 신념을 고집하며 합의 현실에 매달려왔음을 고백했다.

---

* 홀로코스트Holocaust: 제2차 세계 대전 중 나치스 독일에 의해 자행된 유대인 대학살 사건—역자 주

- ▸ 항상 하는 모든 일에서 성공해야 한다.
- ▸ 명성을 얻기 위한 경력을 쌓아야 한다.
- ▸ 항상 가족을 우선으로 생각해야 한다.
- ▸ 그 누구도 실망하게 하지 말아야 한다.
- ▸ 항상 모두의 감정에 책임을 져야 한다.
- ▸ 외할머니가 어떤 고통도 느끼지 않게 해야 한다.

자신의 현재 신념을 확인하고 상황을 인정하는 것은 치료 작업에 있어 굉장히 중요한 단계이다. 자신의 문제가 언제부터 시작되었는지를 알기 전까지는 변화를 위해 내가 어떠한 행동을 취해야 하는지 알기 어렵기 때문이다.

자신의 내적 신념을 파악한 이후 드류는 자신에게 적합한 자신만의 인생을 설계하였다. 또한, 고속도로 공포증을 유발하는 스트레스 요소를 확인하며 조절해나가기 시작했다. 하지만 여전히 그의 합의 현실에 따르는 습관들을 깨뜨리기 위해 노력하고 있다. 꽤 오랜 시간이 필요한 일이지만, 천천히 자신의 고유 현실을 만들어가고 있다는 사실에 만족한다고 말했다. 그는 현재 시간제 강사로라도 학생들을 가르칠 기회가 있는지 알아보고 있다.

당위적인 문장의 잔인함

자신의 합의 현실을 발견하고 그것을 학습하게 된 시기를 따져보는 데는 여러 가지 방법이 있다. 그중 하나는 자신의 대화 습관 중에 어떠한 당위적인 언어를 사용하는지 귀 기울이는 것이다. 예를 들어, 자신이 '~해야 한다', '하지 말아야 한다', '절대로', '항상', '모두', '아무도', '모든 것', '아무것도', '반드시 ~하다', '~해야 할 필요가 있다'라는 당위적인 단어나 문장을 사용할 때를 눈여겨보아야 한다. 이런 당위적인 단어들은 무의식적으로 어떠한 예외나 대안도 허락하지 않게 만들기 때문이다.

이렇게 만들어진 당위적인 사고는 언제 무슨 일이 있어도 융통성을 기대할 수 없도록 한다. 이러한 사고방식은 '~해야 한다'라는 규칙에 얽매이게 만들어, 실제로 하고 싶은 것 사이에서 갈등을 일으킨다. 당위적인 문장에서 가장 해로운 것은 '~해야 한다'와 '~하지 말아야 한다'라는 부분이다. 생각해 보라. 여러분이 "이런 일이 일어날 것을 미리 알았어야 해" 또는 "오늘 더욱 많은 일을 해냈어야 해"라고 말한다면, 여러분은 스스로 원하는 것이 무언지 알지 못한 채 어떻게 살아야 만족스러운지 마치 엄격한 메뉴얼이 존재하는 것처럼 느낄 것이다. 그러면서 종종 그 메뉴얼대로 하지 못했을 때마다 자신에게 '잘못'이 있다고 생각할 것이다. 이에 대한 죄책감은 스스로 수치감과 무력감을 느끼도록 만든다. 또한, 마치 미래를 예언할 수 있거나 다른 사람의 생각을 읽을 수 있는 독심술사가 된 것 같은 착각을 불러일으킨다. 이렇게 비합리적인 문장이 또 있을까? 이 잔인한 말들은 오랫동안 결정을 내릴 때마다 우리를 지배해왔을 것이다.

예를 들어, 필자에겐 '절대로 어떤 실수도 해서는 안 된다'라는 당위적인 신념이 있었다. 그 때문에 사소한 것에도 혹시 잘못된 선택을 할까 봐 겁이 나서 어떠한 결정도 스스로 내리지 못했다. 결정을 내려야 할 때면 다른 사람에게 의존해야 했고, 나 스스로 결정을 할 때는 걱정이 몹시 밀려와 불안해했다. 당시 나는 단순하게 어딘가에 항상 옳은 결정이 있다고 믿고 있었던 것 같다. 마치 미래를 보는 마법 구슬을 사용해서 항상 현명하고 옳은 선택을 할 수 있다고 믿은 것이다. 이런 사고방식으로 살아온 수년 동안 자신에게 분노를 멈출 수 없었다. 알다시피 누구도 미래를 예견할 수 없다. 이러한 모순을 지닌 '~해야 한다'라는 신념은 나에게 어떠한 실수도 용납해주지 않았다.

이와 비슷한 사고를 했다면 '해야 한다' 대신 "~을(를) 더 좋아한다"로 표현하라 권하고 싶다. 예를 들어, 오늘 하루 계획했던 많은 일을 다 해내지 못했다는 생각이 들면, "오늘 더욱 많은 일을 해냈어야 해" 대신 "오늘 하루가 조금 더 알차게 채워지기를 원했어"와 같이 안정적이고 이성적인 문장으로 대체하는 것이다.

필자는 이렇게 생각하는 방식을 바꾸면서 더욱 많은 것을 이뤄낼 수 있었다. 당위적인 생각은 나를 수동적으로, 또한 마치 피해자가 된 것 같은 분노를 느끼게 하여 오히려 더욱 생산적이지 못하게 만들었다. 하지만 대체한 생각들은 이러한 죄책감을 몰아내고 지금 현재 취할 수 있는 행동을 가려낼 수 있도록 용기를 북돋아 주었다.

수년 전 필자가 상담했던 베타니라는 여자 환자가 떠오른다. 그녀가 사용하는 문장에는 '절대로'라는 당위적인 단어가 유독 많았다. 그녀는 특히 자신의 미래에 대해 떠오를 때마다 그 단어를 자주 사용했다.

그녀는 훗날 결혼을 하거나 아이를 갖는 것에 대해 매우 관심을 보였다. 이런 생각에 사로잡혀 남자친구와의 관계가 끝나거나 외로움을 느낄 때면, '나는 절대로 괜찮은 남자를 어디에서도 만나지 못할 거야' 또는 '나는 절대로 결혼을 하지 못할 거야'라고 생각했다. 심지어 '나는 죽을 때까지 혼자일 거야'로 확대되곤 했다. 서른여덟 살이 될 때까지 베타니는 '절대로'라는 단어를 사용하는 것이 얼마나 불안감을 만들어내는지 깨닫지 못했다.

상담을 통해 베타니에게 "여성은 아이가 있을 때만 여성으로 정의할 수 있다"라는 것과 "아이들을 키우는 기쁨을 경험해보지 않는다면 절대로 행복해질 수 없다"라는 합의 현실이 있음을 확인할 수 있었다. 이 두 가지 신념대로 살지 못하는 현실이 그녀를 매우 고통스럽고 불행하게 만들었다. 치료 회기 동안, 나는 베타니에게 자신의 합의 현실을 깨닫고, 실제로는 어떤 상황에서 편안한지를 생각해 보도록 하였다. 대화를 통해 서서히 자신의 의견을 드러내고 자신만의 고유 현실을 만들기 시작하자 그녀의 분노는 확연히 줄어들었다.

베타니는 여전히 아이를 갖기를 원하고, 그것이 자신을 행복하게 만들 것이라는 생각에 변함이 없다. 하지만 '남들처럼 그래야 한다'가 아니라 '나를 위해 그러기를 원한다'로 바뀌었다. 이렇게 자신만의 언어를 사용하였기에 그녀는 조금씩 꿈을 좇는 것에 대한 압박감에서 벗어날 수 있었다.

불안한 마음에서 자유로워질 수 있는 전제 조건은 나 자신과 주변 환경에 대해 개인적인 관점을 갖고 어떻게 느끼고 행동할지 스스로 결정하는 것이다. 합의 현실에서의 신념을 의심 없이 따르면, 마치 그 신념이 삶에서 변하지 않는 진리인 듯 집착하게 되고, 자신도 모르게 절대적인 사실처럼 받아들이게 된다.

수많은 '자기 역량 강화 지도자self-empowerment leaders'들은 이러한 생각에 반론을 제기한다. 그들은 종종 "자신이 생각하는 모든 것을 믿지 말라"고 제안한다. 불안할 때 즉각적으로 떠오르는 생각들은 이성적이지 않으므로 바로 믿어서는 안 된다는 이유이다. 하지만 생각은 생각일 뿐 '사실'이 아니다. 가끔은 전혀 중요하지 않을 때도 있다.

예를 들어, 여러분이 유년 시절 동안 친구들과 잘 맞지 않았거나, 친구들에게 괴롭힘을 당해왔다고 느꼈다고 하자. 그 경험 때문에 오랜 시간이 흐른 후에도 자신과 타인을 분리해 가며 스스로 다른 사람들과 어울리지 않으려 했을 수 있다. 또, 타인과 잘 어울리지 못하는 자신을 보며 스스로 부족한 사람이라고 여길 수도 있다. 자신에 대한 이러한 부정적인 생각들이 쌓여 시간이 흐른 후에는 마치 절대로 변치 않는 사실처럼 인식되기 시작한다. '나는 절대로 다시는 친구를 사귈 수 없을 거야', 또는 '나는 평생 혼자일 테지', '나는 사람들이 좋아할 만한 점이 하나도 없어. 그러니 누구도 나와 친해지기 위해 노력하지 않지' 등의 부정적인 신념이나 왜곡된 생각으로 발전하게 된다. 그 결과 변하지 않는 시나리오대로 사는 것처럼 무의식적으로 '나는 어디에도 속하지 않겠어'라는 생각으로 세상을 살아가게 되는 것이다. 수년이 흐른 뒤에도 변치 않은 신념으로 살아가면서, 그 신념이 시작되었던 곳이 어디였는지도 잊어버린 채 그저 사실처럼 맹목적으로 따를 것이다.

그러고 나면, 여러분은 마침내 자신의 정체성에 대해 확고한 합의 현실을 만들기 시작한다. 이는 '나는 어느 상황에서도 언제나 남들보다 열등할 것이다'와 같이 매우 비합리적인 문장으로 이루어져 있다. 여러분이 이러한 왜곡된 신념들을 놓아주지 않는 이상, 그것들은 지속해서 여러분 마음 안에 불안을 키울 뿐이다.

신념 체계의 근본이 되는 '합의 현실'을 인지하기 시작하면, 더욱 현실적으로 나만의 '고유 현실'로 변화시킬 수 있다. 추후 7장에서 고유 현실을 어떻게 만들어 가는지 깊이 있게 다룰 것이다. 우선, 합의 현실 속에서 내가 가지고 있는 '당위적인 신념'을 스스로 인식하는 것이 중요하다. 그 신념들은 아주 어렸을 때부터 시작되었을 것이다.

자, 이제 여러분의 가족, 종교, 학교, 그리고 친구나 애인 때문에 학습된 신념과 그에 기반을 둔 생각이 무엇인지 주의를 기울여보자. 나에 대해 인지한다는 것은 나의 마음 관리의 시작과 같다. 그러므로 인생에서 자신이 사용하는 당위적인 생각들에 대해 주의를 기울이는 것이 매우 중요하다. 이를 해내기 위해서는, 자신에게 아래 질문들을 해보고, 솔직하게 대답해보도록 하라.

⁂ '단 하나의 현실'에 대해 집착하며 살고 있지는 않은가? 사람은 어떻게 살아야 한다는 단 하나의 기준으로 사람이나 상황을 판단하고 있지는 않은가? 허용할 수 있는 범위를 제한하고, 자신의 방식을 따르지 않을 사람이라면 떠나가도 좋다는 자기중심적인 태도로 사람들을 소외시키지는 않는지 생각해 보라. 만약 누군가가 나의 신념과 어긋나거나, 신념에 반기를 들고 도전한다면 불안감이 증폭될 것이다.

＊ 하나의 합의 현실만을 고집하며, 다른 가능성이나 관점을 전혀 고려 하지 않고 있진 않은가? 하나만 고집한다면, 사고가 경직되고, 주변 사람들이 자신의 의견에 동의하지 않는 경우 고집대로 상황이 흘러가게 만들기 위해 큰 스트레스와 압박감에 시달린다. 다른 사람의 의견에 마음을 열지 못하면, 개인과 관계부터 타인과의 관계까지 상당한 스트레스가 유발된다. 다른 견해를 받아들일 수 없다면, 사람들과 어울리는 것이 얼마나 어렵겠는가.

＊ 자신에 대한 평가를 외부적인 기준에 맞추고 있지는 않은가? 스스로 잘하고 있는지에 대한 기준이 타인에게 있다면, 자존감이 높아지기란 여간 어렵지 않다. 또한, 타인의 가치나 신념에 매여있을 때는 자신의 고유 가치를 발견할 자유조차 상실한다. 그간 믿어왔던 자신의 조건에 불편과 불안을 느끼고, 또한 당신 내부에서 다른 사람들을 만족시키는 것과 자신을 만족시키는 마음 사이에서 갈등이 일어날 것이다.

＊ 삶의 방향에 대해 나는 나 스스로 정한 규칙에 따르는가, 부모가 정한 규칙을 따르는가? 가족 혹은 가까운 사람들에 의해 학습한 '어떻게 살아야 한다'라는 지침을 진심으로 믿고 있는가? 혹은 나 자신이 원하는 것이 무언지 집중하는 것이 두려워서 여태껏 학습해온 것들에 자신을 끼워 맞추어 가며 따르고 있지는 않은가? 이런 규칙과 신념들이 어디에서부터 왔는지 곰곰이 생각해

보라. 주변 사람들의 강요 때문에 갈등을 피하기 위한 수단으로 학습된 것일 수도 있고, 나의 고유의 생각이 반영된 것일 수도 있다. 이제는 자신이 정말로 원하는 것이 무엇인지 결정할 시간이다.

⁑ '~해야 한다', '절대로', '항상', '당연히'라는 절대적이고 당위적인 언어를 사용하여 살아가면서 겪을 수 있는 일들에 제한을 두고 있지는 않은가? 이러한 언어를 자주 사용한다면, 원하지 않는 것들을 억지로 해야 할 때가 많을 것이다. "항상 일을 완벽하게 해내야 한다"라는 믿음을 가지고 살아간다면, 목표에 미치지 못할 때마다 자신에게 환멸을 느낄 수 있다. 그런 절대적이고 당위적인 단어들은 보이지 않는 벽을 만들어 스스로 불안 상자 안에 갇혀 버리게 만든다. 하지만 어떠한 상황도 당연히 그래야 한다는 법은 없다. 이런 당위적인 언어와 함께 살아가는 것은 언제나 지켜질 수 없기에 거대한 불안의 원천이 된다.

생각 바꾸기

여러분이 살면서 고수하고자 했던 '합의 현실'을 파악한 이후에는 객관적인 시각으로 그것을 바라볼 수 있도록 자신에게 5분의 시간을 주어라. 합의 현실을 이루는 신념들이 여러분에게 실제로 어떤 의미인가? 여러분을 불안하게 만드는 경직된 사고에 갇혀있기를 원하는가? 여러분의 눈을 가리는 안대를 벗어던질 수만 있다면, 타인 혹은 어떠한 상황을 인식하는 데에 다양한 선택 사항이 보일 것이다. 이것이 바로 여러분이 항상 가지고 있던 오래되고 자동적인 습관을 벗어던지는 방법이다. 여러분이 가지고 있는 '합의 현실'과 바꾸어 여러분의 생각 지평을 넓혀보라.

- 모든 일이 한 방향으로 흘러갈 수 없다는 사실을 매일 자신에게 상기시킬 것이다. 삶에서 일어나는 모든 것들은 나 자신의 선택일 뿐이지, 반드시 그래야 한다는 것은 어디에도 없다. 시간이 걸리겠지만, 의식적이고 일방적으로 사고하는 패턴을 자주 버리도록

해야 한다. 이러한 연습이 익숙해질수록, 견해를 넓히는 것은 더욱 쉬워질 것이다.

• 나는 마음을 열고, 내가 전에는 보지 못했던 대안적인 현실과 견해를 고려할 것이다. 다른 생각을 받아들이고자 마음을 열면, 여러 선택안을 확인할 수 있다. 자신에게, '내 선택은 무엇인가, 이것을 바라보는 더 나은 방법이 없는가'를 자문하라. 나와 다른 견해를 제시하는 사람들을 조건 없이 무시하지 말고, 그들의 말에 근거가 무엇인지 설명해달라 요청하라. 합의 현실을 고수한다면 여러분과 다르게 생각하는 사람들의 말에 귀 기울이지 못했을 것이다. 하지만 다른 사람의 의견을 자세히 물어본다면, 새롭게 생각할 수 있는 문이 열리면서 이전과 전혀 다른 면들이 보이기 시작할 것이다.

• 어떻게 살아야 한다는 지침과 잘살고 있는가에 대한 평가 기준이 외부에 있다면, 이를 벗어날 수 있도록 연습할 것이다. 사람들을 만족시킬 수 있는가를 삶의 기준으로 두었다면, 자신의 의견은 무시한 채 사람들의 의견에만 의존하게 된다. 내가 어떻게 생각해야 하는지, 어떻게 상황을 바라보는지에 대해 일일이 다른 사람의 의견이 필요하다면 얼마나 피곤하겠는가? 내 눈을 가리는 안대를 제거하고, 당신 안에 있는 뿌리 깊은 습관을 버리며 자신의 목소리에 집중하게 되어 불안이 조금씩 줄어들 것이다. 또한, 다

른 사람의 평가를 얻는 것이 아니라 스스로 자기 자신을 평가할 수 있어야 나에 대해 진정으로 이해한다고 할 수 있다.

- 어떤 사람이 될 것인지에 대해 나의 고유 현실에 집중할 것이다. 합리성과 실제 현실에 기초하여 내가 어떤 생각을 하는지 고려한다면, 현실을 정확하게 객관적으로 바라볼 수 있을 것이다. 마음을 열고 집중한다면, 불안이 줄어들 것이다.

- '~해야 한다', '절대로', '항상'과 같은 당위적인 단어들을 조금 더 안정되고 현실적인 단어들로 대체할 것이다. 자신이 어떻게 이런 단어들을 사용하는지 인지하는 것은 매우 중요하다. 당위적인 단어를 대체하는 과정을 통해서 자신에게 압박감과 불안감을 주지 않는 새로운 단어를 찾을 수 있다. 생각이 균형 잡힐수록, 불안은 차츰 줄어들 것이다.

Chapter 4

나만의
골디락스 존을 찾아라

"밤에 하늘을 바라보며
우리는 옳고 그른 별을 가리지 않고,
어느 것이 더 잘 배열되어 있는지 비교하지도 않는다."

– 앨런 왓츠

여러분은 여러분의 삶을 흑과 백의 언어로 바라보는 경향이 있는가? 다시 말해, 모든 것을 극단적으로 구분하지는 않는가? 여러분 자신 혹은 여러분의 세계를 이와 같은 관점으로 보고 있다면 불안한 감정에 휩싸일 수 있다. 생각이 이분법적으로 나뉘면 왜곡되기 때문이다. 흑백논리의 한 예로, 자신이 세운 목표 점수에 도달한 학생이 '나는 학교에서 최고의 학생이다'라고 생각하거나, 생각만큼 성적이 안 나온 학생이 "나는 완전히 망했다."라고 생각하는 것을 들 수 있다. 이렇게 이분법적으로 생각하는 것이 안정감을 주고, 삶의 불확실성을 통제하는 훌륭한 방식처럼 보일지도 모르지만, 사실은 이러한 생각은 마치 삶을 계산하고 있다는 착각을 불러일으킨다. 그러나 신이 아닌 이상, 인간이 어떻게 삶을 정확하게 계산할 수 있을까?

이 잘못된 안정감은 삶을 아주 간단명료하게 설명하기 때문에, 더는 자신의 삶을 위해 투쟁하거나 고심할 필요가 없게끔 느끼게 한다. 예를 들어, 내가 최고의 학생이라는 생각이 들었을 때, 끊임없이 변화하는 세상이지만 그래도 나는 잘 해내고 있다는 안정감을 느낄 수 있다. 그러나 이 느낌은 일시적일 뿐이고, 위기가 왔을 때 예전보다 더 불안감을 느끼게 된다.

순간적으로 잠깐 안도감이 들 수 있을지 몰라도, 이분법적인 사고방식은 시야를 좁게 만들고, 불안을 촉발하도록 이끈다. 또한, 3장에서 논의한 합의 현실과 엮여 극단의 판단으로 상황을 인지하게 만들기도 한다. 예를 들면, 이분법적인 마음은 어떤 일이든지 여러분을 양극단으로 판단하도록 강요한다.

- 옳다 vs 그르다.
- 좋다 vs 나쁘다.
- 강하다 vs 약하다.
- 영리하다 vs 멍청하다
- 성공했다 vs 실패했다

이렇게 이분법적인 사고는 생각의 흐름에 균형을 잃게 한다. 편파적이며 극단적이다. 이런 사고방식은 생각을 왜곡시키고, 자신에게 기대했던 정도에 다다르지 못할 때마다 저절로 부정적인 시각으로 자신을 바라보게 만든다. 만약 원했던 것보다 자신의 지능이 높지 않다는 결과가 나온다면, '멍청하다'라는 것을 의미하는 것이 아님에도, 이분법적인 마음에서는 그렇다고 말한다. 또한, 특정 분야에서 성공하기 위해 열심히 노력하는데도, 스스로 정한 기간 안에 해내지 못한다면 '실패'로 단정할 것이 아닌데도 이분법적인 사고방식은 여러분에게 완전히 실패했다고 이야기한다. 이렇듯 이분법적인 생각은 양극단 사이에 존재하는 수많은 긍정적인 선택 사항들을 보지 못하게 하며, 자기 능력에 대한 평가를 굉장히 제한한다.

필자는 양극단의 생각이 그 사이에서 찾을 수 있는 기쁨을 차단할 뿐만 아니라, 불안을 창조해내는 힘을 가졌다는 것을 잘 알고 있다. 어렸을 때 나는 육상 경기를 매우 좋아했다. 하지만 육상뿐만 아니라 모든 것에서 최고가 되고 싶었다. 이러한 마음들이 종종 불안을 일으키고는 했었다. 적당한 수준을 인내할 마음의 여유가 없었다. 친구와 테니스를 치거나 소프트 볼 게임을 할 때면 이분법적인 마음이 나를 괴롭혔다. 예를 들면, 소프트볼 게임에서 4타수 3안타를 치고 나서 한 번의 기회가 더 남았음에도, 그 한 번의 기회로는 성취감을 느끼지 못하기에 줄곧 불안감을 느끼고는 했었다.

게임이 끝나고 나면 게임 동안 내가 해낸 것을 평가하여 스스로 정의 내렸고, 한 번의 아웃에 온종일 집착했다. 남은 하루 동안, 이 생각이 반복적으로 머릿속에 맴돌았고, 나에게 주어졌던 세 번의 기회에 대해 생각하고는 했다. 생각은 오로지 원 아웃에 초점을 맞추어졌고 4타수 전부 완벽하게 해내지 못했다는 생각에 자신을 실패자라고 이름 붙였다. 내가 4타수 전부 완벽하게 해냈더라면 훌륭한 선수였겠지만, 원 아웃을 한 것이 나를 형편 없는 선수 혹은 경기장에서 페이스가 느린, 심지어 선

수 자격조차 없는 실패자라고 결론 내린 것이다. 그러므로 당연히 3안타에 대해 기쁨을 느낄 겨를도 없었다. 오로지 앞으로 야구를 하고 싶지 않다는 생각까지 번져서 불안한 마음이 들었다. 하지만 삶은 한 방향으로만 흘러가지 않는다. 모든 인간의 삶은 다양하고 미묘한 많은 것들로 이루어져 있어서 양극단인 두 가지로 설명할 수 있는 것은 거의 없다. 다음의 두 가지 원리를 명심하라.

- 모든 상황은 중립적이다.
- 고정되어 변하지 않는 것은 없다. 모든 것은 협상할 수 있다.

이 두 가지의 신념을 가진다는 것은 곧 대부분 상황이 타당할 수 있음을 받아들이는 것이다. 모든 상황은 중립적이고, 모든 상황은 이해와 협상을 할 수 있다는 것은 절대적인 사실이다. 예외는 거의 없다는 사실을 기억하라. 그러나 기본적인 도덕적 규약은 협상할 수 없으며 중립적이지도 않다. 다시 말해, 이런 경우는 정해진 필수 영역이며 중립적일 수 없기에 논외로 두겠다.

재크의 사례

재크는 서른두 살의 그래픽 디자이너로, 극심한 불안과 과도한 걱정을 치료받고자 나를 찾아왔다. 그는 뉴욕에서 로스앤젤레스로 이사를 왔고, 이후 1년간 치료를 받았다. 재크는 이사한 이후의 변화에 적응하기 힘들었다고 털어놓았다. 특히 풀타임으로 할 수 있는 직업을 찾는 것이 예상보다 더욱 어려웠다. 최근에 오래된 여자친구였던 도나와 결혼하였다. 도나는 현재 저녁 시간에 파트타임으로 일하고 있다. 두 사람은 함께할 수 있어 행복했지만, 이내 재정적 상황에 어려움이 찾아왔다. 도나는 겨우 먹고살 만큼만 벌었기 때문에 재크는 직업을 찾을 때까지 부모님에게 손을 벌려야만 했다.

또한, 두 사람은 아이를 가질 계획에 관한 이야기를 나누고는 했는데, 그 때문인지 직업을 찾는 것에 압박감은 커져만 갔다. 재크는 마치 자신이 남편으로서 실패자처럼 느껴졌고, 도나와 부모가 이런 자신의 상황을 지켜보며 실망했을 거라 확신했다. 원해서 로스앤젤레스로 이사를 왔건만 일이 잘 풀리지 않는 자신이 원망스러웠고, 이사를 결정한 게 수치스러웠다. 재크는 이른 시간 안에 자신이 지금보다 더욱 능력 있는 남편으로 변하지 않는다면 도나가 자신을 떠날 것이라 믿고 있었고, 극심한 불안과 두려움을 느끼고 있었다.

재크는 자신이 한평생 완벽주의자로 살아왔다고 털어놓았다. 자신이 얼마나 실패를 혐오하는지, 스스로 설정한 기준과 기대가 얼마나 높은지, 주변 친구들보다 얼마나 엄격했는지 등 기억을 더듬어가며 다른 사람보다 훨씬 많은 스트레스를 받아왔다는 걸 깨달았다. 재크의 완벽주의는 초등학교 시절부터 시작되었다. 당시 그는 수학 과목을 어려워하였는데, 종종 과제를 끝내기 위해 가정 교사의 도움을 받아야 했다. 하지만 주변 친구들은 자신과 다르게 수학을 그다지 어려워하지 않는다는 걸 알게 된 후, 그는 점차 자신이 멍청하고 문제가 있다고 생각했다. 하지만 사실, 재크는 수학 과목을 제외한 모든 과목에서 굉장히 뛰어난 성취를 보이며 종종 수석을 하곤 했다. 그런데도, '모든' 면에서 남들보다 뛰어나지 않는다는 이유로 스스로 멍청하다 결론 내린 것이다.

재크는 꽤 성공한 그래픽 디자이너이고, 동시에 아내 도나는 조건 없이 그를 진심으로 사랑하고 있었다. 하지만 그는 여전히 '멍청하다'라고 정의 내렸던 당시의 이미지에서 빠져나오지 못한 채 시달리고 있었다. 여전히 수학을 못 하는 남자인 것이다. 마치 어렸을 때로 돌아간 것처럼 현재도 고통스러웠다. 재크는 재정적인 어려움에서 오는 불안감 문제로 나를 찾아왔지만, 실제로 자신의 감정이 생각보다 훨씬 깊은 곳에서부터 비롯된다는 것을 알아차리게 되었다.

치료 회기가 진행되면서, 무조건 완벽함을 추구하는 것이 얼마나 엄청난 고통을 만들어내는지 이해하게 되었다. 그는 수학을 잘 못 하는 자신의 결점을 보상하기 위해 수학 문제 외의 다른 영역에서 완벽함을 보여야 한다는 무의식적인 규칙을 따르고 있었다. 모든 영역에서 엄격한 기준을 세웠던 그는 항상 자신을 채찍질했고, 자기 비판적으로 살아왔다. 해마다 스스로 자신의 결함을 과도하게 보상하기 위해 그가 처한 여러 상황을 흑백논리로 평가하곤 했다. 이러한 이분법적인 생각은 현재 직업으로서, 남편으로서, 아들로서 완벽함을 갖추어야 한다는 믿음을 끌어냈다.

완벽함에서 조금만 벗어나도 마치 큰 문제가 있거나 완전히 망했다고 생각했다. 재크는 자신이 강점과 약점을 모두 지닌 인간임을 인정하지 않았다. 생각이나 행동, 심지어 감정 대부분을 옳고 그름으로 판단했다. 모든 상황을 중립적으로 보지 못했고, 흑백논리에 조금의 협상도 없었다. 완벽함에 대한 그의 높은 기준은 대부분 상황에서 부정적인 측면만 주목받게 했다. 재크는 그동안 다음과 같은 내적인 대화를 통해 이분법적인 사고방식에 희생당해왔다.

▸ 가치 있는 사람이 되려면, 어떤 것도 결코 실패해서는 안 된다.
▸ 다른 사람에게 호감을 얻기 위해 실수를 해서는 안 된다.
▸ 지적인 사람으로 보이기 위해 모든 것에 뛰어나야만 한다.
▸ 만약 내가 모든 것에 완벽하다면, 사람들은 나를 버리지 않을 것이다.
▸ 삶에 대한 나의 모든 결정은 충분히 심사숙고해야 하며, 반드시 바른 판단을 해야 한다.
▸ 타인에게 도움을 요청한다는 것은 실패를 의미한다.

재크는 자신의 삶 대부분에 수학을 잘하지 못했던 당시의 실패감을 적용하고 있다는 걸 깨달았다. 그 후 엄격하고 완벽해야 한다는 기준을 포기하기 위해 내가 개발한 도구를 활용하여 치료 작업을 진행했다. 작업이 진행되며 그는 점차 가혹했던 자기 평가에서 해방되었고, 좀 더 자신에게 객관적인 태도를 보였다. 그러면서 자신의 상황을 훨씬 더 편안하게 인지할 수 있었다. 갖지 못한 능력을 집착하는 것에서 벗어나 자신의 긍정적인 에너지에 초점을 맞추었다. 다행스럽게도 한 기업에서 그의 능력을 인정받아 그는 다시 웨스트 코스트로 이주하였다. 그는 흑백논리로 생각하는 습관에서 벗어나자 다시 태어난 기분이 들었다고 했다. 생각하는 방식을 달리한 것만으로 훨씬 긍정적인 세상이 열린 것이다.

나만의 골디락스 존을 찾아라

이분법적인 생각에 균형을 맞추면, 여러분이 미처 인지하지 못했던 새로운 세계가 열린다. 여러분이 단단히 고정된 관점만을 고수하며 살아왔다면, 그 관점 이외의 것을 생각하기가 매우 어렵다. 그러나 일단 시야를 넓혀 모든 관점에 눈을 뜨게 되면, 삶의 모든 상황은 이해가 가능하고, 근본적으로 '합의 현실'이 아닌, 다시 자기 자신만의 고유한 현실을 만들어낼 수 있다. 다시 말해, 합의 현실로 막아놓았던 벽을 부술 수 있다는 의미이다. 이로써 삶을 제한하는 생각들로 가득 찬 숨 막히는 세상에서 벗어날 수 있다.

생각의 균형을 맞추는 것의 중요성을 보여 주는 예로 우리의 태양계를 들 수 있다. 지구라는 행성이 인간의 생명을 유지할 수 있는 이유는 태양과 정확히 병렬에 위치한 우리 태양계의 위치 때문이다. 그 위치를 '골디락스 존Goldilocks Zone'이라 부른다. 이 영역은 삶을 지탱할 수 있도록 '알맞은' 온도와 주거 조건을 제공한다. 만약 지구가 태양에 가까웠다면, 행성이 너무 뜨거워서 물과 같은 모든 액체가 증발하였을 것이다. 또 만약 태양으로부터 너무 먼 곳에 있었다면, 너무 추워서 모든 액체가 얼어버렸을지도 모른다. 지구가 이런 양극단적인 조건이라면 동물이나 식물 모두 살아남을 수 없다. 감사하게도 중력으로 인해 골디락스 존에 위치하여 지구는 비교적 안락하게 살 수 있는 조건으로서 궤도의 중간에서 균형을 유지하고 있다.

이런 원리를 자신에게도 대입해보자. 생각을 극단의 어느 한 곳으로만 집중할 것이 아니라, 균형이 잡힌 골디락스 존에 유지한다면, 지구에서의 삶의 조건처럼 나 자신의 삶도 더욱 안락하고 긍정적으로 변화할 것이다. 생각의 균형으로 인해 비이성적이고 극단의 생각들로 피해 보는 일이 생기지 않는다. 이 균형점은 극단에서는 찾아볼 수 없는 긍정적인 기분을 느끼게 하며 합리적인 판단을 가능케 한다.

하지만 자신에 대해 이분법적인 마음을 갖거나, 자신이나 세상을 옳고 그름, 혹은 좋고 나쁨, 강하고 약함 등으로 구분하는 것은 인간의 본성으로 보인다. 누구나 골디락스 존에서 벗어나 양극단으로 향하다가 길을 잃는 일을 반복한다. 그러므로 어떤 상황에서도 생각의 균형을 찾기 위해 노력하고, 합리적인 방향을 갖는 것에 경계를 늦추지 않는 것이 중요하다. 하고자 한다면, 생각의 균형을 유지하는 것은 언제나 가능하다. 단, 양극단으로 향하는 것을 막으려는 의지와 열린 마음이 필요하다. "어떻게 상황을 다루느냐에 따라 성공의 90%가 좌우된다"라는 말을 항상 기억하라.

마음의 흑백논리를 넘어서

불안한 마음을 다룬다는 것에는 저절로 떠오르는 생각에서 합리적이거나 논리적인 부분을 확인하는 방법을 학습하여 이분법적인 마음을 초월한다는 의미가 있다. 그렇게 되면, 우리는 반사적으로 반응하는 것보다 더욱 반영적인 건강한 대처 기술을 획득할 수 있다. 반영적Refl active이란, 즉각적인 결정을 내리지 않고, 무슨 일이 벌어지는지에 대해 우선 숙고해보는 것을 의미한다. 또한, 머릿속에 처음 드는 극단적인 반응에 자신을 맡겨버리는 것이 아니라, 좀 더 세부적인 부분에 주목하여 상황이나 당시의 판단을 조심스럽게 살펴보는 것이다. 반영적이 된다는 것은 균형 잡힌 생각을 유지하고, 언제든 이러한 균형 잡는 작업이 가능하다는 것을 스스로 아는 것이다. 예를 들자면, 여러분의 마음에 '조명 조절 장치light dimmer mechanism'를 설치했다고 가정해 보자. 조명이 '켜졌을 때', 우리는 대부분 상황에서 매우 반사적으로 반응하게 된다. 하지만 우리가 세상에서 살아남기 위해서는 약간의 불안이 필요함을 인정하고, 이러한 조명이 '꺼진' 상태의 마음을 유지할 수만 있다면, 조명 조절 장치가 필요하다고 느끼지 않을 것이다.

어떠한 상황에서든 즉각적으로 반응한다는 것은 종종 인지를 왜곡시킨다. 보통 깊게 생각할 시간이 없다는 이유로 양극단의 면만 보며, 그사이에 어떠한 것이 있는지 살펴볼 틈이 없다고 판단하게 만든다. 다시 말해, 관점이 좋고 싫음, 옳고 그름, 영리함과 멍청함 등 양극단 중의 하나가 되어야 한다. 이와 다르게, 반영적인 생각은 극단적인 생각들 사이에 어떤 것들이 있는지 충분히 숙고할 수 있게 하려고 우선 자신을 진정시킨다. 그러면서 순간적으로 스치는 즉각적 반응을 선택하지 않고, 어떤 선택 사항이 있는지 살펴볼 여유를 주어 더욱 합리적인 결정을 내릴 수 있게 한다.

만약 삶과 운명이 미리 정해져 있다고 믿는다면, 더 삶에 관해 탐구할 필요도, 무언가를 새롭게 발견을 할 동기도 없을 것이다. 무언가 예상과 다르게 상황이 닥쳐오면 반사적으로 이래선 안 된다는 부정적인 반응만 나타날 것이다. 그것은 마치 아주

좁은 병 속에 사는 것과 같다. 삶에서 정의 내린 옳고 그름, 좋고 나쁨이 타협하여 얽매이는 합의 현실은 스스로를 더욱 반사적으로 반응하게 만든다. 반사적으로 반응하는 순간, 여러분의 '골디락스 존'의 존재를 인지할 겨를이 없기에, 그 존재를 찾을 수도 없게 된다. 그 때문에 극단적인 시야를 통해 삶을 바라보는 방식에서 벗어나야 한다.

마이러의 사례

마이러는 에스크로 컴퍼니escrow company*에서 이사보좌관으로 일하는 스물여덟 살 여성이다. 그녀는 실패에 대한 불안과 과도한 걱정에 도움을 얻고 싶어 나를 찾아왔다. 마이러의 어머니는 그녀가 해낸 것에 있어 평가가 궁색한, 매우 통제적인 분이셨다. 그녀의 어머니는 습관처럼 "삶은 재미있는 게임 같은 게 아니야. 사는 것은 매우 어려운 거야"라고 말하곤 했다. 또한, 책임감 있는 어른이라면 일, 대인 관계, 재산 등 모든 것에 결코 방심해서는 안 된다고 이야기하였다. 살면서 절대로 어떤 누구도 믿어서는 안 되며, "일단 경계를 늦추면 사람들은 너를 이용할 거야"라고 마이러에게 충

---

* 에스크로 컴퍼니escrow company: 제삼자가 매매 중개를 하는 매매 보호 서비스 회사—역자 주

고하였다.

몇 년 뒤, 마이러는 자신도 모르게 어머니의 언어를 내면화했고, 그 언어들은 삶에 대응하는 방식이 되고, 신념을 형성하였다. 열 살 때부터 그녀는 매일 극도의 걱정에 시달렸는데, 학교 과제, 운동 경기, 회사에서의 잡일 할 것 없이 모든 상황을 100퍼센트 해내지 못했을 경우 매우 고통스러워하고 심각한 수치심을 느꼈다. 그녀는 결코 누구도 실망하게 할 수 없다는 신념을 가지고 있었고, 심지어 그녀의 가장 친한 친구도 실망하게 해선 안 된다고 여기며 늘 불안해했다. 용모나 옷차림에도 남을 의식하고, 얼마나 잘 보일지에 집착했다. 다른 사람의 의견을 자신의 이미지로 받아들였기 때문에 마이러는 점점 더 사람들에게 비굴해졌고, 모든 것에 완벽주의자가 되었다.

또한, 책임감 있는 성인에 대해 고정된 양극단의 사고방식을 가지고 있었다. 일주일 내내 잠도 자지 못하고 일하면 책임감 있는 어른이 되는 것이고, 휴식을 취하며 일하면 게으름뱅이가 된다고 생각했다. 이뿐만 아니라 언제나 끊임없이 자신을 다른 사람과 비교했다. 자신이 흥미로운 사람인지 따분한 사람인지, 예쁜지 못생겼는지, 영리한지 멍청한지에 집착했다. 마이러는 이러한 극단적인 생각에서 벗어날 수도, 자신만의 골디락스 존을 찾을 수도 없었다. 그녀의 세상에서 자신을 평가하고 다른 사람과 비교하는 것에 사로잡혀 실제 자신이 어떠한지 아무런 관심도 없었다.

치료 회기가 거듭되며 마이러는 이분법적인 마음에 균형을 맞추어 한발 물러서서 생각할 필요성에 공감하고, 이 장의 후반부에 나오는 5분 규칙을 사용하였다. 이를 연습하면서 그녀의 반응은 반사적이기보다 반영적이게 되었고, 자신의 목소리를 확인할 수 있었다. 거듭되는 연습을 통해 이런 생각을 더욱 의식화하였고, 더욱 특별하고 현실적인 자신의 목소리를 만들기 위해 노력했다. 서서히 마이러는 극단적 사고의 중간 부분을 호의적으로 탐구할 수 있는 온화한 목소리를 발견하였다. 그러면서 그녀는 자신이 항상 두려운 감정을 회피하려 했었다는 걸 받아들이고, 철저하게 유지해왔던 낡은 스크립트에 집착하는 이유를 깨달았다.

마침내 마이러는 '책임감 있는 성인responsible adult'을 자신만의 용어로 재정의했고, 자기 삶의 철학에 기초하여 관점을 재형성하였다. 이제 마이러는 더는 어머니의 지붕 아래에서 사는 소녀가 아니다. 그녀는 책임감 있는 성인은 어머니가 가르치는 방식과 정반대라는 사실을 이해하면서 부정적으로 확대해석하는 방식을 원만하게 내려놓을 수 있었다.

마이러가 재정의한 '책임감 있는 성인'은 자기 돌봄에 초점을 맞추고, 항상 삶의 중간 영역에 균형을 잡을 수 있는 사람이다. 또한, 완벽함에 집착하지 않으며, 통제할 수 없는 미래에 대해 과도한 걱정을 하지 않는다. '책임감 있는 성인'은 휴가나 휴식이 필요하고, 타인을 경쟁자로 보기보다 사랑하는 대상으로 본다. 마이러는 이를 받아들이고 새롭게 장착된 건강한 사고방식에 편안함을 느꼈다.

이분법적인 사고방식은 균형 잡을 수 있다. 양극단으로 가는 순간을 깨닫고, 천천히 생각의 균형점을 찾는 것이 가장 중요하다.

극단으로 사고하던 오래된 습관을 변화시키는 것은 시간이 꽤 소요된다. 이분법적 사고 패턴을 멈추겠다고 결심하자마자 바로 다른 삶이 열릴 것으로 생각했다면, 이마저도 극단적인 생각에서 비롯된 것임을 기억하라. 이분법적으로 사고하는 패턴을 발견했을 때, 즉시 멈추고 싶은 마음이 드는 것은 충분히 이해한다. 하지만 쉬운 일이 아니다.

가장 먼저 해야 할 것은 작은 변화를 받아들이는 일이다. 자신에게 다음의 질문을 해보고, 천천히 자신의 답에 숨어 있는 근거를 찾아보라. 이 작업은 자신이 가졌던 이분법적인 사고 경향을 깨닫도록 도울 것이고, 그간 믿고 있었던 어떤 사실에 도전하도록 할 것이다.

※ **극단적인 용어를 사용하거나, 흑백논리로 사고하는가?** 기억하라. 여러분이 생각하는 흑과 백 사이에는 많은 선택 사항이 숨어 있다는 사실 말이다. 그 안에 고려할 사항들을 놓치고 지나가는 것이다. 다시 말해, 양극단으로만 생각하고 판단한다면, 지금 겪고 있는 불안을 처리할 수 있는 수많은 선택 사항을 거부하는

것과 같다. 중간 영역에 무엇이 있는지 잘 살필 수 있다면, 불안한 마음은 이내 진정될 것이다.

옳지 않다고 판단되지 않은 순간에 감정적으로 반응하는가? 어떤 일을 하는 데 있어서 여러분이 원하는 만큼 결과물을 내지 못한다면, 당신은 좌절감을 느끼거나 당신 자신에게 화를 낼지도 모른다. 극단적으로 판단하는 것은 나 자신에게 더욱 많은 실망만 안겨줄 뿐이다. 옳거나 훌륭하거나 혹은 성공적이라고 판단할 수 있는 상황은 단지 최고라고 여겨질 때만 가능하다고 느끼는가? 그렇다면 아주 작은 단서를 나 자신이 잘못된 사람이고, 실패했다는 증거로 받아들일 것이다. 옳다고 생각하는 것을 얻지 못하면 실패했다고 생각하는가? 이런 극단적이고 이분법적인 생각은 모든 부정적인 감정을 일으킨다. 이런 감정들이 쌓여 불안으로 발전하는 것이다.

불확실한 세상에서 너무 확신만을 요구하지는 않는가? 혹시 '반드시 ~ 해야 한다' 혹은 '결코 ~ 해서는 안 된다' 등의 당위적인 생각으로 주변의 모든 것들을 통제하려 하는가? 기억하라. 신이 아닌 이상 나의 영향력 밖에 있는 모든 것들은 통제할 수 없다. 많은 일이 종종 원하는 방향대로 정확하게 진행되지 않는다. 극단적인 생각을 고수하며 주변의 많은 것들을 통제할 수 있다고 믿고 있을 수도 있다. 하지만 자신의 예상이 빗나갔다는 걸 인지하는 순간 불안이 엄습하게 된다. 자신이 원하는 기준보다 만족스럽지 못한 결과를 얻는다면, 원하는 대로 만들기 위해 스스로를 괴롭히려 들 것이다. 하지만 이는 이룰 수 없는 목표를 추구하는 것일 뿐, 극단적이고 이분법적인 생각은 작은 것에 만족감을 주지 못하고 끊임없이 자신을 괴롭힐 뿐이다.

☼ **과연 자신을 강하거나 약하다고 판단할 수 있을까? 혹은 영리하거나 멍청하다고 결론 내릴 수 있을까?** 스스로 판단할 수 있다는 믿음은 진실일 수 없다. 왜냐하면, 사람은 자기 자신을 제대로 평가할 수 없기 때문이다. 스스로 자신의 성과에 있어 높은 기준을 설정하고, 그 기준을 완벽하게 충족하지 못하는 것이 다른 영역에까지 자신이 하찮다는 근거가 될 수는 없다. 또한, 한 인간으로서 '완벽함'을 추구하는 것은 사실상 불가능하다. 완벽을 추구하는 것 자체가 스스로 자존감을 땅끝까지 끌어내리는 결과를 낳는다. 자존감을 높이고 싶은가? 높은 자존감은 기본적으로 '자기 수용'에서 시작된다. 매번 나뭇가지 꼭대기로만 손을 뻗는다면, 달콤한 열매는 손에 넣기 힘들 것이다. 여러분이 맛볼 수 있는 달콤한 열매는 주로 낮은 가지에 있다.

☼ **옳고 그름, 혹은 좋고 나쁨으로 자신을 너무 엄격하게 감시하지는 않는가?** 판단하고 결정을 내리는 것은 매우 어려운 일이다. 너무 엄격하게 결정하고자 한다면, 선택 자체가 매우 어렵고 혼란스

러울 것이다. 자신의 결정이 결국 원하는 방향이 아니었다는 생각이 들면, 여러분은 마치 세상 끝에 서 있는 듯한 절망감을 느낄 것이다. 통제할 수 없는 변수는 언제든 발생한다. 당시에는 적합한 결정을 내렸다 할지라도 결국 실망할 수밖에 없는 상황은 언제든 존재한다. 옳고 그름이라는 양극단의 판단을 사용하는 것은 또한 여러분의 직관을 믿을 수 없게 만들기도 한다. 이렇듯 결정을 내릴 때 이분법적인 고정관념을 사용하는 것은 다른 가능성을 고려할 시간을 허비하고, 항상 불안한 마음에 머물게 한다.

자신의 이분법적인 생각을 확인하고, 이를 수정하기 위해 5분의 시간을 투자해 보자. 극단의 용어로 판단할 때 드는 감정에 집중하라. 그 감정을 이완하는 것이 첫 번째로 연습해야 할 일이다. 떠오르는 대로 빠르고 반사적으로 생각하는 방식에서 벗어나 떠오르는 생각에 대한 객관적인 평가를 위해 잠시 멈춰서 이완할 수 있다면, 양극단으로 나뉘는 생각들을 통제할 수 있다. 다음에 나오는 문장들을 활용하여 판단하는 방식을 바꾸어 보자.

- 나는 스트레스가 많을 때 어떤 상황을 극단적으로 보지 않고, 중간 영역을 찾아 균형 잡힌 관점을 유지할 것이다. 기억하라, 찾고자 노력한다면 중간 영역은 반드시 존재한다. 흑백논리가 서로 가까워지는 어느 지점이 바로 그 중간 지점이다.

- 나는 반응적이 아니라 반영적이 될 것이다. 대부분 상황은 행동

하기 전에 생각이 우선되어야 한다. 판단을 내리는 것도 마찬가지이다. 감정적이고 즉각적으로 반응한다면 극단적인 판단을 내리지만, 스스로에 충분히 생각할 시간을 허용한다면, 더욱 균형 잡힌 관점을 찾을 수 있다. 시간을 가지면 즉각적이고 이분법적인 생각으로 반응하는 것을 방지하고, 상황을 합리적으로 바라볼 수 있으며, 스스로에 덜 엄격한 기준을 적용할 수 있다.

• 나는 중간 영역을 찾고 항상 균형을 유지할 것이다. 마음이 편안해진다면, 더욱 수월하게 균형 집힌 영역으로 접근할 수 있다. 과거에 중간 영역에 있었던 적이 없었다면, 처음에는 그 영역에 머무는 게 불편할 것이다. 그러나 극단적으로 사고하는 방식을 버리고 중간 영역에 머무르는 것을 받아들이면, 자신에게 더욱 좋은 영향을 줄 수 있다.

• 나는 삶의 모호함을 인정하고 받아들일 것이다. 삶은 밀물과 썰물처럼 서서히 밀려 들어와 서서히 사그라진다. 불안을 일으킬 수 있는 상황에서도 중심을 잡을 수 있을 때 여러분의 불안은 점점 줄어들고, 삶을 더욱 즐기게 될 것이다.

• 나는 지금 당장 모든 것이 확실해야 할 필요가 없음을 받아들일 것이다. 자신이 원하는 방식대로 모든 일이 진행되지 않는다는 사

실을 받아들이고, 그래도 괜찮다는 것을 알아야 한다. 이를 받아들인다면, 삶이 훨씬 더 편안해질 것이다. 또한, 즉각적이고 극단적으로 생각하는 방식을 멈추고, 합리적이고 균형 잡힌 생각을 원할 때 언제든 그것에 대체할 만한 생각을 찾을 수 있게 될 것이다.

Chapter 5

모든 사람을
만족시킬 수 없다

"짐이 무거운 것은 문제가 되지 않는다.
그 짐을 어떻게 운반하느냐가 중요하다."

– 레나 혼

사람들은 세상에서 일어나는 많은 부분을 어느 정도 통제할 수 있다는 착각, 즉 '통제 착각illusion of control' 속에 살고 있다. 어떤 상황에서 불안한 감정이 들 때, 그 상황을 제어할 수 있다는 착각은 자신에게 안정감을 주는 듯 보여 매우 매혹적으로 느껴질 것이다. 또한, 세상이 더욱 안전하다는 느낌을 주고, 자신이 사랑하는 사람들을 보호하고 있다고 믿게 한다. 하지만 현실은 그렇지 않다.

모든 것을 통제할 수 있다는 잘못된 믿음

모든 상황을 통제할 수 있다는 잘못된 믿음은 노화에서부터 주식 시장에까지 영향을 뻗치고 있다. 때로는 이성적으로 보았을 때 통제가 불가능한 영역까지 통제하려고 노력한다. 예를 들면, 교통체증에 갇혀있는 상황에서 중요한 약속에 늦었다는 걸이미 알고 있지만, 다른 운전자에게 소리를 지르거나 경적을 울려 마치 차량 흐름을 통제할 수 있는 듯이 행동하는 것을 들 수 있다. 효과가 없다는 것을 알면서, 왜 그렇게 행동하는 걸까? 만일 내 앞에 있는 자동차들이 어디로 갈 곳이 없다고 해도 여전히 경적을 울리고 소리를 질러 댈 것인가?

많은 사람은 경적을 울리고 소리를 지르며 화를 내는 것이 교통난을 해소하는 데 전혀 소용없다는 것을 알면서도 이런 행동을 한다. 또한, 제어할 수 없는 상황에서 통제하려는 시도가 통하지 않았을 때, 포기하지 않고 여러 전략을 시도해본다. 이 경우 실패가 거듭되면 절망감을 느끼고 불안감이 폭발하는데, 즉 다음과 같은 감정 패턴을 보인다.

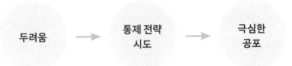

초기에 어떤 상황에서 두려움을 느끼게 되었을 때 그 상황을 제어하려 노력하면서 두려움을 해소하려고 시도하겠지만, 이 시도가 통하지 않으면 극심한 공포에 휩싸이게 된다. 상황을 통제하기 위한 전략을 시도한다는 것이 불안을 높이는 계기가 되는 것이다. 이 장에서는 이런 사고 패턴을 확인하고, 이런 패턴을 내려놓을 수 있도록 다른 대안을 제시하고자 한다.

스치는 바람을 손으로 잡을 수 있을까?

불안으로 고통받는 많은 사람에게, 통제하려는 시도를 멈추는 것은 매우 두려운 일이다. 경계를 늦추는 행동이 마치 삶이 산산조각이 날 것 같은 느낌을 주기도 하고, 자신의 삶에서 책임을 다하지 않는 것이라 느껴지기 때문이다. 하지만 무언가를 통제할 수 있다고 믿고, 실제로 통제할 수 있는지가 삶에 대한 성공을 좌우한다고 생각한다면, 그것이야말로 자신의 삶에 대한 책임을 다하지 않는 것이다. 마치 스치는 바람을 손으로 잡기 위해 노력하는 것과 같다. 예를 들어, 여러분이 누군가의 의뢰를 받아서 일하는 직업을 가지고 있거나, 어려울 때 친구들이 도와주길 원하는 상황임을 가정해 보자. 이러한 상황은 통제할 수 있는 것이 아니다. 여러분에게 일을 의뢰하는 사람이 없을 수도 있고, 어려울 때 여러분을 도와줄 거라고 믿었던 친구가 매우 바빠 도움을 주지 못할 수도 있다. 즉, 통제 영역 밖의 상황이라는 것이다.

이렇게 통제할 수 없는 상황을 확인했을 때, 우리는 극심한 불안에 휩싸인다. 혹시 주변의 모든 일과 모든 사람을 통제할 수 있다고 믿고 있는가? 그런 생각이 들면 앞에서 말했던 대로 한발 물러서서, 즉각적이고 반응적이지 않도록 자신을 다스려야 한다. 다시 말해, 외부적인 요인들을 통제하려고 노력하는 자신의 모습을 깨달으면, 우선 자신을 천천히 되돌아보고, 외부의 문제점을 있는 그대로 받아들 수 있도록 마음을 준비시켜야 한다. 이렇게 나 자신부터 통제하는 것이 불안을 조절하는 방법이다.

필자 역시 모든 것을 통제할 수 있다는 착각을 깨닫기 전에는, 모든 사람과 모든 상황을 통제하고자 하는 강한 욕구로 몹시 고통받았다. 약 20년 전 강연을 처음 시작했던 무렵이 떠오른다. 그때 나는 강연을 하기 몇 시간, 또는 며칠 전부터 알 수 없는 불안에 휩싸였다. 과연 청중들이 나의 강의를 들으며, 어떤 반응을 보일까에 대해 집착했다. 나의 강의는 곧 내 자존심이라고 생각했고, 청중의 평가에 너무 매달렸다. 당시에는 이런 생각은 정말 큰 실수였던 것을 미처 알지 못했다.

실제로는 내가 완벽하게 강의를 했다 할지라도, 그것에 대해 흠을 찾는 사람은 분명히 있다. 이 사실을 받아들이지 못하고 나에게 자존심과 같았던 그 날의 강의를 위해 끊임없이 완벽해지려 노력했던 것 같다. 잘 해내지 못할 것 같은 불안감은 강의 전날 잠을 한숨도 잘 수 없게 만들었고, 신경이 예민해 소화도 잘 안 되었으며 시간이 지날수록 자신감을 잃었다. 왜 그랬을까? 그것은 바로 내가 통제할 수 없는 것, 즉 마흔 명에 달하는 전혀 알지 못하는 청중 모두를 강의에 매료되고, 나라는 사람을 좋아하게 만들어야 한다는 생각 때문이었다. 가능할 수 없는 일을 통제하려고 노력한 것이다. 후에 모든 사람의 반응을 내가 통제할 수 없다는 사실을 받아들이면서, 점차 편안함을 느끼기 시작했다. 불안감이 눈에 띄게 줄어들었고, 이전보다 강의도 훨씬 편하게 준비할 수 있게 되었다.

언급한 대로 목표는 외부적인 상황을 바꾸는 것이어서는 안 된다. 그것은 여러분이 통제할 수 없는 부분이기 때문이다. 하지만 세상에 대한 나의 반응은 여러분의 의지로 바꿀 수 있다. 삶을 살아가는 데에 짊어져야 할 무거운 짐이 여러분을 무너뜨리는 것이 아니다. 단지 그것을 통제할 수 있다고 생각하며, 그 짐을 어떻게 옮길지에 집착하는 것이 문제가 된다.

통제할 수 없는 것들에 대한 노력을 단념하면, 여러분의 삶은 회복될 것이다. 꼭 기억하라. 여러분이 통제할 수 있는 유일한 것은 바로 여러분 자신뿐이라는 사실을 말이다. 나만이 유일하게 통제할 수 있는 전부이다. 물론 살아가며 주변 사람들에게 영향을 끼칠 수도 있고, 작은 성과를 얻게 될 수도 있다. 다른 사람들을 격려하고, 어떠한 영감을 줄 수 있지만, 그것이 여러분이 할 수 있는 전부이다. 상대방의 반응은 상대방의 몫이지, 나의 것이 아니다. 자신의 반응에 대한 책임은 자기 자신만 진다. 타인을 바꾸려 하지 말고 내 생각을 좀 더 현실적으로 바꾼다면, 더욱 긍정적인 변화가 일어날 것이다. 필자가 강의를 편안하게 생각한 뒤 더욱 잘 해내는 것처럼 말이다.

우리는 모두 완벽해질 수 없다

수년 동안 개인 상담을 받으며 필자의 경우, 불안을 줄이기 위한 하나의 방법으로 통제에 과도하게 집착하고 있다는 사실을 알게 되었다. 주변 환경을 통제하기 위해 나 스스로 완벽해지려고 과도하게 노력한다거나, 다른 사람을 기쁘게 해주기 위해 과도하게 다른 사람의 의견에 의존하는 등의 방법으로 나의 불안을 잠재우려고 시도했었다.

과도하게 완벽함을 추구하는 것은 자신에 대해 매우 엄격한 기준을 가진다는 것을 의미하며, 타인의 만족을 위해 비현실적으로 높은 기준을 갖는 이분법적인 개념이다. 즉 100퍼센트 완벽했을 때에만 '성공'이라 여길 것이고, 98퍼센트라고 느껴진다면 '실패'라고 생각한다는 의미이다. 과도한 완벽주의자인 한 운동선수가 은메달이나 2위의 성적으로도 자신을 패배자라 인식하는 것을 예로 들 수 있다. 그 사람은 자신을 그저 '금메달을 잃었다' 혹은 '1위에서 밀려났다'라고 평가한다. 때로 운동 경기를 보면, 은메달을 딴 선수들이 슬프게 우는 경우를 볼 수 있는데, 이렇게 보면, 그러한 행동이 이해하지 못할 일은 아니다.

'항상 완벽해야 한다'라는 사고방식은 스스로 자유를 속박하여 괴롭히는 '노예제도'와 같다. 완벽주의는 불안을 구성하는 가장 완벽한 구성 요소이며, 자신의 기준을 충족시키지 못했다는 생각은 거대한 불안의 폭풍을 맞게 한다. 여러분의 목표는 완벽해지는 것이 아니라, 한 단계씩 전진하는 것이어야 한다. 어떠한 성장이라도 감사하는 마음을 가져야 나 자신을 행복하게 만들 것이다. 완벽하지 않다는 생각에서 만들어진 불안은 여러분을 불행하게 만들 뿐이다.

우리는 모든 사람을 만족시킬 수 없다

많은 사람이 때로 사람들의 반응에 중요한 가치를 두고, 그것에 과도하게 의존하며 '모든 사람을 만족시켜 주는 사람'이 되고 싶어 한다. 이런 생각 또한 불안을 일으킨다. 실제로 모든 사람이 나를 좋아하게 만들고, 단 한 번도 그들을 실망하게 하지 않는다는 것이 가능할까? 만약 여러분이 작은 섬에서 다섯 명의 사람들과 함께 생활하고 있다고 하자. 소수의 인원이라도 서로 알아 가기에 많은 시간이 걸릴 것이고, 어쩌면 누군가는 여러분의 여러 모습 중 하나를 좋아하지 않을 가능성이 매우 크다. 모든 사람을 만족시킬 수 없는 것은 인간의 본성처럼 당연한 사실이다. 완벽해야 한다는 생각과 마찬가지로 모든 사람에게 사랑받으리라는 목표도 실패할 가능성이 매우 크다. 이러한 가능하지 않은 목표를 달성하기 위해 끊임없이 노력해야 한다는 압박감은 결국 불안감을 불러온다.

'모든 사람을 만족시키는 사람'이 된다는 것은, 나 자신의 욕망이나 욕구를 포기하고 다른 사람이 원하는 것에만 집중하도록 만든다. 그런 삶은 자신에게 많은 상처를 준다. 타인이 나에게 충분히 만족하는 모습을 보이지 않았을 때 커지는 불안감은 나 자신을 더욱 몰아세우게 만든다. 예를 들어, 타인의 반응을 바꾸기 위해 무리한 지출을 하면서까지 저녁을 대접하고 선물을 준비할지도 모른다. 그렇게 하고도 상대방의 반응이 원하는 수준에 미치지 못한다고 느낀다면, 큰 거절감과 함께 충분히 만족시키지 못한 자신을 원망하며 실패감에 빠질 것이다. 타인의 만족을 위해 자기 자신의 욕구를 무시하면, 나의 신체적 혹은 정신적인 건강은 상처를 입게 된다. 타인에게 일방적으로 주기만 하는 것은 여러분 자신에게 원하는 만큼의 보상을 주지 않는다. 오히려 여러분 마음속에 쉽게 사그라지지 않는 불안을 만들어 낼 뿐이다.

다른 사람에게 어떤 평가를 받든지 간에 오늘처럼 내일도 태양은 뜨고 진다. 나의 욕구를 희생하면서까지 계속 타인의 반응에 집중하는 것이 그렇게 중요한 일인가? 이런 이유로 자신에게 쌓이는 거대한 스트레스를 절대 무시하지 말았으면 한다.

크리스틴의 이야기

크리스틴은 남자친구인 브라이언과 3년간 동거 중인 스물여섯 살 여성이다. 두 사람은 서로에게 매우 헌신적이었고, 수년 내에 결혼하여 아이를 낳아 가정을 꾸리자는 계획을 하고 있었다. 그런데 그녀는 불안감과 불면증으로 도움을 받기 위해 나를 찾아왔다. 그녀는 큰 규모의 건설업체에서 비서로 일하고 있었는데, 이 직업 때문에 매우 힘들다고 호소하였다. 자신의 역할이 만족스럽지 않았고, 무엇보다 어려서부터 꿈꿔왔던 직업이 아니었던 게 문제라고 했다. 크리스틴은 대학에서 과학을 전공했고, 당시까지만 하더라도 전공에 대해 열정이 있었다. 사실 해양생물학자라는 꿈이 있었는데, 브라이언과 함께 미래를 그리기에는 자신의 꿈을 접을 수밖에 없음을 깨달았다. 꿈을 좇기에는 현실적인 부분이 문제가 되었고, 미래를 위해 당장 돈을 벌어야 한다고 판단했다.

4개월 전 어느 날, 브라이언은 할 이야기가 있다며 심각한 표정으로 크리스틴에게 다가왔다. 그는 어렵게 "너를 정말 사랑하기는 하지만, 확신이 들지 않아"라고 말했다. 크리스틴의 불안감이 커진 것은 그때부터였다. 브라이언은 자신의 직업이 안정적이지 못하고, 크리스틴을 만족시킬 만한 좋은 남편이 되지 못할 것 같아 두렵다는 이야기를 덧붙였다. 몇 주 뒤, 브라이언은 사실 자신이 현재 동료와 부적절한 관계를 맺고 있다고 고백했다.

브라이언의 배신은 크리스틴의 삶을 망가뜨렸고, 그녀는 점차 그를 과도하게 통제하기 시작했다. 그럴수록 심장이 죄어오는 통증을 느꼈고, 호흡곤란을 일으키기도 했다. 이따금 공황발작이 일어나기도 하였다. 때로는 브라이언 주위를 맴돌며 미행하기도 하고, 그가 잠들었을 때 그의 휴대전화를 감시하기도 하였다. 그가 일 때문이라는 핑계로 귀가가 늦어질 때면 그를 앉혀놓고 화를 내며 심문하기도 하고, 항상 최악의 상황을 상상했다. 자신의 감정에 사로잡혀 어떤 것도 제대로 보이지 않았다.

치료 회기가 거듭되며, 크리스틴은 자신의 불안이 브라이언을 향한 과도한 통제 욕구에서 시작됐다는 사실을 깨달았다. 그의 통제 불가능한 행동들을 통제하려 노력하면 할수록 그녀 자신의 상태가 더욱 나빠지고 있다는 사실을 인정했다. 결국, 그녀는 그의 배신에도 불구하고 관계를 회복하려고 고군분투하고 있었다. 크리스틴은 브라이언과 함께하는 시간 동안에도 자신의 인생에 장애물이 생기면 자신뿐만 아니라 주변 사람과 환경을 통제하려 시도했고, 그런 방식이 그녀를 안전하게 만들 것이라 믿고 있었다. 자신에 대한 통제와 타인에 대한 과도한 집착으로 그녀는 좀처럼 자기 자신의 인생을 살 수 없었고, 자신의 삶에 행복감을 느낄 수 없었다.

▸ 나는 모든 것에 완벽한 확신이 있어야 한다.
▸ 나는 모든 것을 세세하게 관리하고 항상 방심하지 않아야 한다.
▸ 모든 사람의 행동에 주의를 기울여야 한다.
▸ 누군가가 나를 거절하면, 나는 가치 없는 사람이 된다.
▸ 브라이언이 나를 떠난다면, 다시는 누구도 나를 사랑하지 않으며, 나는 영원히 혼자일 것이다.

크리스틴은 위와 같은 신념을 내적으로 계속 반복하며 살아왔다는 걸 깨달았다. 3장에서 언급했던 것과 같이, 어떤 당위적인 단어를 사용했는지 주의 깊게 살펴보라. 꽤 오랜 치료 회기 동안 나는 그녀의 이러한 신념을 내려놓을 수 있도록 안내했다.

　점차 그녀는 타인의 만족을 위해 집착하는 삶에서 벗어나 그녀 자신에 집중하기 시작했다. 그녀는 자신의 행복을 위해 자신의 욕구가 항상 우선해야 한다는 사실을 알게 되었고, 자신을 통제할 수 있다는 사실을 받아들였다. 또한, 브라이언을 포함한 중요한 사람들에 대한 통제권은 전혀 가질 수 없다는 사실도 인정했다. 크리스틴은 안전해지기 위해 선택했던 방법들이 결국 자신을 상처 입히는 결과를 낳았던 것 같다고 털어놨다. 이후 통제에 대한 욕구를 내려놓으면서 그녀의 불안은 점차 줄어들었고 그녀는 만족을 추구하는 삶을 되찾았다.

통제의 한계를 받아들이기

　사람들과의 관계 이해를 위해 다시 우리 태양계를 예로 들겠다. 수백 년 전 지구는 우주의 중심이며, 다른 모든 행성을 끌어당긴다고 알려졌었다. 지구가 주변을 도는 모든 행성의 중심으로 간주한 것이다. 만약 지구의 위치가 이동된다면 다른 모든 행성이 위태롭게 흔들리면서 완전히 카오스 상태가 될 것이라 믿었다.

　하지만 오늘날 우리는 이 사실이 잘못되었다는 것을 잘 알고 있다. 천문학자들은 지구는 태양의 주변 궤도를 도는 작은 행성일 뿐이라는 사실을 밝혀냈다. 지구는 달을 끌어당기는 소소한 역할을 할 뿐, 그 외에는 별다른 역할이 없다. 우리 존재도 이와 마찬가지이다. 나의 주변 세상이 결코 나 자신을 중심으로 돌아가지 않는다. 이처럼 우리가 이 세계의 중심이 아니라는 것을 기억하라. 우리는 수많은 행성 중에 아주 작은 행성과 같은 존재이다. 이 사실을 받아들일 때, 다른 사람이나 사물, 상황에 대한 통제권이나 권력을 가지고 있다는 환상에서 벗어날 수 있을 것이다. '나'는 태양이 아니다. 모든 것을 통제할 수 있다는 착각에서 벗어나 자신의 삶에 대해 대응하는 방식을 바꾸려면 이에 집중하기를 당부한다. 크리스틴과 같이 오랫동안 자신이 아닌 타인에 집중하면서 자신의 고유 현실이 바뀌었을지도 모른다. 기억하라, 내가 통제할 수 있는 유일한 것은 바로 나 자신이며, 주어진 삶에서 자신이 어떻게 반응할 것인지를 선택할 수 있을 뿐이다.

과정 지향적인 삶 vs 결과 지향적인 삶

통제에 대한 착각에서 벗어나는 또 다른 방법은 과정 지향적인 사고방식에 집중하는 것이다. 인생은 변화무쌍하고, 늘 예기치 못한 상황의 연속이다. 이때 마주하는 여러 문제에 대해 결과에 집착하지 않고, 해결해나가는 과정에 집중하는 것이 과정 지향적인 사고방식이다.

필자에게 불안을 치료받으러 왔던 많은 환자는 주로 결과 지향적인 삶을 고집했다. 그런 사고방식이 자신에게 얼마나 큰 불안을 일으켰는지 깨달으면 모두 굉장히 놀라워했다. 결과에만 집착하면 반드시 통제권을 가져야만 안전하다 느낄 것이고, 반드시 모든 것이 내가 원하는 방향대로 흘러가야 한다고 생각할 것이다. 그런 삶을 사는 사람들은 다음과 같은 특성을 보인다.

- 미래에 대해 지나치게 걱정한다.
- 성공이 사람의 가치나 중요성을 평가하는 유일한 수단이다.
- 자신이 절대로 실패하지 않을 거라고 믿고 싶어 한다.
- 과거의 일에 집착한다.
- 자신을 통제하고, 다른 사람의 만족을 위해 완벽함을 추구한다.
- 상황에 대해 비현실적인 기대를 갖는다(100퍼센트 완벽히 수행했을 때에만 성공한 것처럼 느낀다).
- 자신이 아무런 고통을 느끼지 않을 거라고 믿고 싶어 한다.
- 항상 다른 사람을 만족시켜야 한다고 믿는다.
- 삶에서 일어나는 모든 일의 결과를 예상할 수 있다는 비이성적인 신념을 고집한다.
- 모든 사람이 자신을 사랑하고 있는지 확인해야 안정감을 느낀다.

이렇듯 결과 지향적인 사고방식은 '모든 사람을 만족시키는 삶'을 추구하며, 중요한 사람들의 반응에 의존하게 만든다. 업무를 수행할 때 능력 이상의 성과를 올리는 것에 집착해 강박 장애 등의 신경증에 노출되기도 한다. 결과 지향적인 삶은 나의 감정이나 인간성보다 수행 결과에만 집착하게 만든다.

미국인이자 불교 신자인 작가 페마 초드론Pema Chodron*은 다음과 같이 말했다.

"모든 것은 과정 중에 있다. 나무, 풀잎, 동물, 곤충, 사람, 빌딩, 생물, 무생물 등 모든 것은 순간순간 변화하고 있다. 이런 변화무쌍한 인생은 우리가 원하는 대로 흘러가지 않는다."

결과가 아닌, 과정 지향적인 사고로 삶을 바라본다면, 결과에만 집착하는 방식과는 다른 양상으로 삶의 여러 상황에 대응할 수 있다. 같은 이상과 목표를 가지고 있다고 하더라도 과정 지향적인 사고를 지니고 있다면 더욱 이성적이고 끈기 있게 삶을 살아갈 수 있으며, 모든 것은 항상 변화하고, 그것이 당연하고 자연스럽다고 받아들일 수 있을 것이다. 다음의 사실을 상기하길 바란다.

---

* 페마 초드론Pema Chodron: 금강승 수행을 마친 미국인으로, 현재 서구인들을 위한 티베트 불교 사원 '감포 아베이'Gampo Abbey의 원장으로 재직 중이다. '마음 전문가'로 불리는 그는 세계 각지를 다니며 불교와 명상을 전파하고 있다—역자 주

- 결과물이 반드시 완벽할 필요는 없다. 너무 집착하지 마라.
- 현재 이 순간을 최선을 다해 살며 미래를 생각하는 것을 멈추어라.
- 과거에 머물러 무엇을 바꾸거나 개선하려고 하지 마라.
- 현재 통제할 수 있는 것들에 집중하라.
- 목표를 달성하기 위해서는 단계가 필요하다는 것을 받아들여라.
- 다른 사람에게 동의를 얻기 위해 속임수를 쓰지 마라.
- 성공에 대한 현실적인 기준을 세워라.
- 양극단에 머물지 말고, 중간 영역을 찾는 방법을 터득하라.
- 인생의 불확실성을 받아들여라.

수년 전 정신과 의사로 수련받을 당시, 필자는 나를 찾아온 환자들을 모두 완벽히 치료해야겠다는 결과 지향적인 생각에 사로잡혀 있었다. 매우 중요한 일이었지만, 사실 모든 사람을 치료하겠다는 생각은 비현실적이고 불가능했기에 늘 불안감을 가지고 살아야만 했다.

치료 결과에 집착했고, 사람들이 빨리 행복해지기를 원했다. 그들의 고통을 즉시 낫게 하고 싶었다. 하지만 치료는 그 과정 자체가 가장 중요하다는 걸 천천히 깨달았다. 빠른 해결책 같은 것은 어디에도 없었다.

이러한 이해가 없었다면 나는 거듭되는 실패를 통해 오래전에 낙담하여 지쳐버렸을지도 모른다. 심리치료사로서, '해결사'가 되는 것은 불가능하지만, '조력자'는 될 수 있었다. 나를 찾아오는 환자들에게 내가 가져야 할 책임은 환자 스스로 자신에게 가져야 할 책임과 질적으로 달랐다. 치료는 내가 하는 것이 아니라 그들 스스로 해나가야 한다. 나는 환자들의 삶에 책임이 없지만 (내가 환자들을 치료할 수 없으므로) 그들은 자신의 삶을 책임져야 한다는 사실을 배웠다. 나는 환자들이 나을 수 있도록 격려하고, 대처 기술을 학습하도록 도우며, 삶에서 더 나은 선택을 하도록 만들 책임만 있을 뿐이었다. 물고기를 잡아 주는 게 아니라, 그 과정을 가르쳐주는 역할을 하는 것이 나에게 주어진 책임이었다. 다시 말해 결과 중심적인 심리 치료를 하는 것이 아니라, 그 과정을 촉진하는 것임을 알게 되었다. 여러분의 삶도 마찬가지이다. 현재 여러분은 과정 중에 있으며, 지금 여기 이 순간에 집중하였을 때 여러분의 노력은 항상 빛이 날 것이다.

과거에 집착하는 것에서 오는 고통

과정 중심적인 사고는 자신이 바꾸지 못하는 과거에 집착하는 대신 현재 어떤 문제가 발생했을 때 그 근원을 파헤치기 위한 노력에 가깝다. 사르트르Jean Paul Sartre는 "모든 내부적인 자책은 과거의 회상으로부터 온다"고 했다. 과거를 들여다보는 것은 나 자신을 이해하는 데 많은 도움이 될 수 있지만, 때때로 나에게 엄청난 고통을 가져다주기도 한다. 로버트 제틀Robert D. Zettle[*]의 '펑크 난 타이어'로 이해를 돕고자 한다.

"여러분이 차를 운전하고 가다가 갑자기 타이어가 펑크가 났습니다. 길가에 차를 세우고 여러분이 가장 먼저 해야 할 일은 무엇입니까? 보통 대부분은 어떻게든 이 문제를 수습하고 가던 길을 계속 갈 것입니다. 타이어를 갈아 끼우려고 할 수도 있고, 전화기를 꺼내 정비 센터에 전화를 걸 수도 있습니다.

아마도 여러분은 타이어를 살펴보며 왜 펑크가 났는지는 관찰하려고 하지 않을 것입니다. 또한, 지나온 길을 따라 타이어를 터지게 만든 못이나 유리 파편이 있는지 살펴보려 하지 않을 것입니다. 이유는 무엇일까요? 그 순간에는 사고의 원인을 신경 쓰지 않기 때문입니다. 여러분의 관심은 일상에 방해를 받았다는 사실과 현재 어디로 향하고 있었는지에 쏠립니다. 펑크 난 타이어를 수리하고 난 뒤에도 왜 타이어가 펑크 났는지는 여러분의 관심 영역이 아닐 것입니다. 자신의 통제 범위가 아니기에 원인에 대한 집착을 내려놓는 것이죠. 이처럼 과거는 때로 답을 갖고 있지 않습니다. 단지 여러분을 과거에 가두고 심한 불안을 느끼게 하여 더욱 큰 무력감을 안겨 줄 뿐입니다."

---

[*] 로버트 제틀Robert D. Zettle: 위치토주립대학교 심리학과 부교수로, 주로 수용전념치료ACT에 관한 연구를 수행하였다 ─ 역자 주

통제 착각에서 벗어나는 방법

나를 둘러싼 사람들과 환경을 통제할 수 있다는 신념을 놓으려면 얼마간의 시간이 소요되겠지만 분명 가치 있는 일이 될 것이다. 그러기 위해서는 우선 나 자신의 패턴을 알아차리는 것이 중요하다. 통제 욕구는 자신이 내려놓기에는 너무나 두려운 습관 중 하나이다. 자신이 완벽해지지 않을 것이라는 두려움을 느낄 수도 있고, 중요한 사람들이 나를 좋아하지 않아 소외당할까 걱정할 수도 있다.

하지만 불안감에서 해방되는 것은 너무나 기분 좋은 경험이기 때문에 변화를 받아들여도 좋다. 통제 욕구를 내려놓는 것이 다소 불편하더라도 외부 말고 나 자신을 통제해야 불안에서 벗어날 수 있다. 이 장에서 논의한 문제 행동에 대해 스스로 통찰하면 할수록, 미래에 어떤 것을 통제할 수 있는지 가려내기 쉽다. 통제해야 하는 영역을 명확히 하기 위해, 여러분 자신에게 다음과 같은 질문을 해보라.

✳ **인생 모든 영역에서 '해결사'가 되려고 노력하고 있는가?**
열심히 노력한다면 불완전한 상황 혹은 실망했던 모든 것을 다 바꿀 수 있다고 믿는가? 불가능한 것들을 바꾸려고 노력하면 할수록 불안은 점점 커질 것이다. 모든 것을 통제할 수 있다는 비현실적인 신념을 포기하고, 자신의 인생을 바꿀 수 없다는 사실을 인정해야 한다. 그리고 바꾸지 않아도 충분하다는 것 또한 받아들여야 한다.

결과에만 집중하고, 미래를 과도하게 걱정하는가?

미래를 미리 알 수 있는 사람은 어디에도 없다. 여러분도 미래에 어떤 일이 일어날지 알 수 없다. 최악의 시나리오를 상상하며 자신이 무엇을 할 수 있을지를 걱정하는 것은 불안감을 키울 뿐이다. 현재의 삶에 집중하는 것이야말로 미래를 걱정하는 불안을 통제하는 방법이다.

일이 매우 빠르게 진행되기를 원하는가?

인내는 정당한 과정이다. 즉각적인 만족을 원한다고 할지라도 일은 차례대로 진행되는 법이다. 다급한 마음을 가진 상태에서 자신이 원하는 것을 즉시 얻지 못하면, 불안은 점점 커질 것이다.

다른 사람의 감정이나 행동을 통제하려고 노력하는가?

이런 패턴을 스스로 통찰하는 것은 매우 중요하다. 통제할 수 있는 사람은 바로 나 자신뿐이라는 것을 받아들였을 때 이러한 비현실적인 노력은 멈추게 될 것이다. 사람들이 자신이 원하는 대로 반응하지 않는다면 매번 좌절할 것이고 극심한 불안감을 느낄 수도 있다. 하지만 사람들의 행동에 대한 자신의 반응을 스스로 선택할 수만 있다면, 좀 더 편안하고 만족스러운 결과를 얻을 것이다.

✽ 신념을 조금이라도 내려놓으면, 모든 것을 잃을 것 같은가?

이러한 믿음은 여러분이 사소한 부분까지 자신의 통제하에 두고 싶어 하도록 만든다. 말하자면, 마치 수백 마리의 오리를 한 줄로 세워 모든 행동을 세세히 감시하고, 자신이 생각한 대로 제대로 걷고 있는지 확인해야 만족하는 것과 같다. 하지만 대부분 상황은 여러분의 통제 아래에 있지 않다. 이러한 신념을 놓지 못하면 여러분은 오랫동안 불안에 떨게 될 것이다.

✽ 다른 사람의 동의를 얻어야만 만족감이 드는가?

사람들의 눈을 통해서만 나를 볼 수 있다면, 스스로 만족감을 얻기 어려울 것이다. 또한, 주변 사람들을 만족시키기 위해 무엇이라도 할 준비를 해야 하고, 늘 긴장하고 불안할 것이다. 그리고 항상 자신이 충분히 잘하고 있는지 걱정될 것이다. '사람들의 만족을 추구하는 사람'은 사람들의 인정을 받을 때를 제외하고는 거의 행복을 느끼지 못한다. 이 얼마나 덧없는 일인가.

생각 바꾸기

앞에서 언급했던 바와 같이, 모든 것에 대한 통제 욕구를 버리면 처음에는 매우 두렵고 자신이 나약한 듯한 느낌이 들어 불편할 것이다. 하지만 일단 한번 성취하고 나면 자신에 대한 실제적인 통제권을 가져 그에 상응한 대가를 얻게 된다. 통제에 대한 자기 생각이나 행동을 확인하고, 이후에 다른 방식으로 대처하기 위해 5분의 시간을 투자하라. 통제 욕구를 확인한 즉시 다음의 문장을 사용하여 마음을 다스려보도록 하자.

- 나는 내 삶을 통제하려고 노력하지 않고, 그대로 진행되도록 내버려둘 것이다.

  여러분은 분명히 잘할 수 있다. 흐름에 역행하는 대신, 그 흐름에 몸을 맡기면 당신은 편안함을 느낄 것이고, 어떤 일도 그냥 흘러가게 기다릴 수 있을 것이다.

- 나는 '해결사'가 아니라 '조력자'가 될 것이다.

모든 것을 고치려고 노력하는 것은 불가능해서 불안을 가중한다. 주어진 인생에 순응하고 그것에 대응하는 자신을 제어할수 있을 때, 자신이 원하는 환경을 만들 수도 있고, 행복감을 느낄 수도 있다.

• 나는 미래에 대한 걱정이 나를 더욱 불안하게만 한다는 사실을 받아들일 것이다.

일어나지 않은 일, 즉 미래에 대한 걱정과 공포는 불안감을 키운다. 그 불안감은 상상하는 미래에 그대로 투영되고, 걱정할만한 미래를 만들어낸다. 상상하는 미래는 실제로 일어나는 일보다 훨씬 나쁜 경우가 많다. 현재에 집중하고, 자신이 지금도충분히 잘 해내고 있다는 것을 알게 되면, 훨씬 더 편안함을 느낄 것이다. 여러분은 내일 어떤 문제가 발생하더라도, 충분히 그것을 해결할 수 있다.

• 내가 통제할 수 있는 유일한 것은 나 자신이라는 사실을 받아들일 것이다.

여러분은 이런 사실을 받아들일 수도 있고, 끊임없이 거부할 수도 있다. 상황이나 사람을 통제하려고 노력하는 것은 뜻대로 되지 않을 때 자신을 몹시 불안정하게 만든다. 나 자신에게 집중하는 게 훨씬 많은 것을 통제할 수 있으며, 더 좋은 결과를 가져온다.

인생은 계속된다. 사람마다 자신의 삶 속에서 고유한 생각을 ...

인생은 계속된다. 사람마다 자신의 삶 속에서 고유한 생각을 한다. 따라서 타인을 변화시켜야 한다는 것에 압박을 가질 필요가 없다. 이러한 집착을 내려놓았을 때 여러분이 잃을 수 있는 한 가지는, 그동안 느껴왔던 수많은 불안감뿐이다.

흘러가는 대로 인생을 받아들이는 것을 연습해라. 그리고 어떤 것도 장담할 수 없다는 사실을 기억하라. 좀 더 현실적인 기대를 하고, 상황을 바꾸려고 하지 않고 인내하려 한다면, 여러분은 더는 불안해할 필요가 없다.

진실로 타인의 동의는 필요하지 않다. 여러분 스스로 자신의 장점을 보기 시작하면 많은 장점을 발견할 수 있을 것이다. 뒤에서 좀 더 자존감을 높이는 방법을 소개할 것이다. 지금은 단지 여러분은 자신을 개선할 수 있고, 다른 사람을 만족시켜가며 동의를 얻을 필요가 없다는 사실만 기억하면 된다.

Chapter 6

나는
선택할 자유가 있다

"인간은 오직 자신을 이해하는 영역을
넓히기 위해 존재한다."

— 장 폴 사르트르

사르트르와 키르케고르Søren Aabye Kierkegaard 같은 실존주의자에 따르면, 우리는 아무 의미도 없이 이 차갑고 공허한 우주에 태어났다. 이런 허무와 고립감을 이해할 때, 비로소 "자아"가 생겨난다. 실존주의적으로 산다는 것은 여러분이 실제로 누구인지에 대해 정의하고, 이 세상 속에서 당신만의 고유함을 인정한다는 의미이다.

자신의 신념 체계에서 벗어날 수 있다면, 나만의 '자기 개념'을 발전시킬 수 있다. 이후 어떻게 살기 원하는지, 무엇이 되고 싶은지를 자유롭게 결정할 수 있는데, 이것이 바로 실존적으로 사는 것의 본질이다. 어빈 D. 얄롬Irvin D. Yalom 에 의하면, "우리 개인은 각자 어떻게 행복하고 윤리적이며 의미 있게 살아야 하는지 결정해야 한다"라고 하였다. 당신과 잘 맞지 않는 신념 체계를 가지고 있다면, 내려놓는 과정을 통해 다른 사람으로부터 조종당하지 않고 나 자신이 인생의 조종자가 되어야 한다.

* 어빈 D. 얄롬Irvin D. Yalom: 스탠퍼드대학교 정신의학과 명예교수이자 정신과 의사로서 각종 심리치료 소설 및 교재들을 저술한 베스트셀러 작가―역자 주

포커 게임 같은 삶

자신의 인생을 자기 것으로 만들 결심을 했다면, 인생은 하나의 거대한 포커 게임이라고 생각하라. 포커를 치는 수많은 방법이 있지만, 일반적으로는 특정 카드를 나눠주면서 게임이 시작된다. 카드는 무작위로 나눠주기 시작하기 때문에 어떤 카드가 나에게 돌아갈지 알 수 없다. 하지만 게임이 진행되면서, 자신에게 주어진 카드를 살펴보고 이를 고려하여 무언가를 선택해야 한다.

이와 비슷하게 우리는 '건강하게' 태어날 수도 있고, '만성적인 질환'을 가지고 태어날 수도 있다. 특혜를 가지고 태어날 수 있고 혹은 빈곤한 삶으로 태어날 수도, 아니면 그 중간 어느 지점에서 태어날 수도 있다. 폭력적인 부모를 가질 수도 있고, 친절하고 사랑스러운 가족 밑에서 태어나 그 일원이 될 수도 있다. 이런 불확실한 삶 속에서 자신의 자기 개념을 세우는 것은 전적으로 나에게 달린 것이다.

게임에는 당연히 다른 참가자도 존재한다. 당신은 자신의 인생 카드에 기반을 두어 다양한 가능성과 결과를 예측하는 것 이외에도 다른 참가자들의 상황도 고려해야 한다. 다른 참가자 없이는 게임이 존재하지 못한다. 포커 게임에서 승리하거나, 비교적 상처받지 않는 인생을 보내려면, 당신은 그저 운 좋게 인생 카드를 얻는 것만 의지해서는 안 된다. 어딘가에서 좋은 카드를 얻을 수 있을지도 모르지만, 그것은 오랫동안 지속하지 않을 것이다. 미래를 보장할 수 있는 것은 어디에도 없다. 게임을 진행하는 동안 현명하게 여러분의 인생 카드를 얻는 기술이야말로 생존을 위한 포인트이다.

어렸을 때, 필자는 항상 하나의 카드를 숨겨야 했다. 불안을 숨기고 불안 따위는 없다고 믿기 위해 어떤 희생을 치러도 괜찮다고 생각했다. 불안 카드를 가지고 있다는 것이 너무 부끄러워서 사람들에게 그것에 대한 언급하는 것조차 꺼렸다. 고통의 시간이 지나 불안으로부터 도망치는 것 대신, 내 삶에 책임감을 느끼고 불안에 대한 치료를 받음으로써 그 카드를 드디어 꺼내 놓을 수 있었다. 그리고 시간이 흘러 나는 그 불안 카드를 나의 이점으로 활용했다. 치료사의 경력을 시작하는 훌륭한 출발점으로 정한 것이다. 그 카드를 사용하지 않았더라면, 나는 여전히 그런 질 낮은 카드를 다루어야 하는 나 자신을 애처롭게 생각했을 것이다. 나는 나에 대한 책임을 졌고, 만성적인 질환을 의미하는 카드임에도 불구하고 꿈을 이룰 수 있는 좋은 재료로 만들었다.

앨리슨의 이야기

앨리슨이 불안과 불면증으로 도움을 얻기 위해 나를 찾아왔을 때, 그녀는 스물여덟의 미혼이었다. 최근 5년 동안 그녀는 제약회사의 영업 부서에서 근무했다. 그녀는 특별히 자신의 업무를 즐기는 편이 아니었고, 그것이 천직이 아니라는 것도 알고 있었다. 사실 앨리슨은 어려서부터 의사가 되고 싶었다. 하지만 의대에 진학할 만큼 그녀 자신이 똑똑하다고 생각하지는 않았다. 또한, 수년 전에 한 친구에게 자신의 꿈을 이야기했다가 "너는 의사 자질은 없어 보여"라는 말을 듣기도 했다. 그 말이 그녀의 마음속에 남아 큰 영향을 끼쳤다.

앨리슨은 항상 그녀의 삶에서 자신을 도와줄 만한 사람을 찾았다고 털어놨다. 그리고 자신에 대한 평가를 위해 그들에게 종종 의지했었다고 말했다. 하지만 불행하게도 그들은 그녀의 욕구를 지지해주지 않았다. 그들의 판단은 엘리슨의 여러 결정, 특히 의사라는 꿈을 접게 만드는 데에 큰 영향을 끼쳤다. 그녀는 인생에서 해야 하는 일이 정해져 있다고 믿었고, 선택했던 직업에 흥미를 잃어갈수록 의사라는 꿈에서도 점점 멀어지는 걸 느꼈다. 이런 상황에서도 그녀는 필사적으로 평정심을 유지하려 노력해 왔다.

엘리슨과의 두 번째 회기에서, 그녀는 자신과 늘 친밀했던 어머니께서 최근 뇌졸증이 재발해 돌아가셨다는 이야기를 털어놓았다. 어머니는 자신이 어린 시절부터 자랐던 위스콘신에서 생을 마감하셨는데, 타지에 있는 앨리슨은 어머니의 임종을 지키지 못했다. 뇌졸중 발작 이후 어머니는 줄곧 뇌사 상태였지만, 그녀는 어머니의 임종이 임박했을 당시 하고 있던 업무에 대한 책임감을 느꼈고, 일을 처리하느라 어머니 곁에 제시간에 도착하지 못하였다.

죄책감과 여러 생각이 거듭되면서 앨리슨은 로스앤젤레스에서의 새 인생을 시작하기 위해 7년 전 위스콘신을 떠난 일조차 죄책감을 느꼈고, 외동딸이었던 자신의 행동이 매우 이기적이었다고 생각했다. 앨리슨은 실제로 자신이 어머니 곁에 머물렀었더라면 지금까지 어머니가 살아계실 거라고 여겼다.

또한, 최근 2년 동안, 그녀는 한 남자와 교제 중이며, 그의 폭력적인 말을 견뎌내고 있다는 사실을 고백했다. 앨리슨은 그 남자 없이는 살 수 없을 것 같은 느낌이 들 만큼 그에게 의존하고 있다고 털어놨다. 그녀는 자신이 남자친구에게 매우 소심하고 순종적인 타입이라는 사실을 인정했다. 그녀는 자신의 욕구는 제쳐두고 대부분은 모두 그의 결정에 따랐다. 그녀는 남자친구 곁에 머무르는 것과 오랫동안 이런 관계를 질질 끌어왔다는 것에 대해 강한 수치심을 느꼈다. 이런 관계를 끝내야 한다는 것을 알았지만 도저히 끝낼 수가 없었다.

앨리슨은 치료 회기가 거듭되면서 마침내 현재 자신의 상황은 더 변하지 않을 거라 결론 내리고 자신을 통제해왔음을 깨달았다. 변할 수 있는 것은 아무것도 없다는 믿음은, 그녀의 인생의 질을 고려하지 않고, 성숙한 사람이 되기 위한 책임을 피해왔다는 것을 의미한다. 사실 수년 전에 위스콘신을 떠나온 이유는 그녀가 이기적이어서가 아니라, 그녀가 자라온 작은 마을에서는 일자리를 구할 수 없어서였다. 그녀는 자신을 위해 고향을 떠나왔고, 자신의 인생을 책임지기 위해 선택을 한 것이었다. 하지만 로스앤젤레스에 도착했을 때부터 그녀는 다른 사람이 자신의 인생을 조종하도록 내버려 두었다. 그녀가 고통 받는 불안감은 대인 관계, 특히 폭력적인 남자친구와의 관계에서 비롯됐다. 그녀가 겪는 심리적인 고통은 현실을 벗어날 수 없다는 무력감에서 시작된 것이다. 그녀는 자신을 폭력의 희생자가 되도록 버려뒀으며, 그런 삶이 오랜 시간에 걸쳐 그녀를 더욱 무력하고 불안하게 만들었다. 그녀가 가진 불안의 또 다른 원인은 7년 전에 위스콘신을 떠나오며 의사가 되려고 노력했던 것들이 무산되면서 느꼈던 무력감도 한 몫을 차지했다.

앨리슨의 상황을 나는 '실존적 위기'라고 이름 붙였다. 그녀는 자신을 불안하게 만들어왔던 내적 신념 때문에 그녀 자신의 진정한 자아를 책임질 수 없었다. 그녀의 내적 신념은 다음과 같다.

▸ 나는 약하고, 어떤 것도 바꿀 수 없다.
▸ 나의 인생은 이미 정해져 있고, 그 이상을 꿈꾸어서는 안 된다.
▸ 나는 인간관계, 특히 애인과의 관계에서 무력한 존재이다.
▸ 나는 나 자신만 생각하는 이기적인 사람이다.
▸ 나는 어머니를 두고 위스콘신을 떠난 나쁜 딸이다.
▸ 나는 어머니의 죽음에 일정 부분 책임이 있다.

행복해지기 위해서는 자신이 가진 카드를 가지고, 실패의 위험을 감수해야 한다. 친구들이 무책임하게 내던진 말들에도 불구하고 자신의 꿈을 찾아야 한다는 것을 받아들이자 앨리슨의 위기감은 서서히 사그라들었다. 치료를 시작하고 1년이 지난 후, 그녀는 자신의 욕구를 존중하여 의대에 지원했고, 이후 그녀의 인생은 드라마처럼 바뀌기 시작했다. 그녀는 스스로 주도하는 삶에 훨씬 큰 행복함을 느꼈고, 곧 의대에서 수업을 받기 시작하면 폭력적인 남자친구를 떠나 아파트를 얻어 독립할 것이라고 이야기하였다.

스스로를 책임져라

나에게 주어진 카드를 어떻게 다룰지에 대해 스스로 책임지는 것은 매우 중요하며, 이 중요성을 스스로 인정하는 것 또한 매우 중요하다. 스스로 책임질 수 있는 자아를 인정할 때, 사람들에 의해 조종당하는 것이 아니라 내가 원하는 대로 주어진 카드를 사용할 수 있다.

필자의 경우 수년 동안 나를 위한 중요한 결정들을 다른 사람, 특히 아버지에게 미뤄왔었는데, 그 이유는 결과를 받아들이는 것이 너무나 두려웠기 때문이다.

나를 위한 선택을 다른 사람이 하게 한 것은 매우 현명하지 않은 선택이었다. 나는 개인적으로 나의 고유함을 의심하도록 학습했고, 나의 동료들 사이에서도 나의 위치를 항상 의심하도록 배우며 자라 왔다. 하지만 타인에게 나의 중요한 선택을 미루는 게 결국 나를 더 불안하게 만든다는 것을 알게 되자, 다른 사람에게 의존하는 것을 멈추고 좀 더 책임감을 느끼게 되었다.

자신을 책임을 지는 것은 나 자신을 신뢰하고, 마치 피해자가 된 것 같은 기분을 느끼지 않게 만든다. 아래에 나오는 실존적인 요소들이 스스로를 책임지는 데 도움을 줄 것이다.

* **삶에 대한 개인적인 의미:** 개인적인 의미를 찾는 것은 평생 계속된다. 책임질 수 있는 존재가 된다는 것은 자신에게 계속해서 묻고 경험하며 자신을 변화시키는 것을 의미한다. 그것 자체로 인생의 의미를 찾는 것은 아니다. 여러분이 스스로 의미를 부여해야 한다. 계속되는 탐색 속에서 여러분이 고유의 현실을 만드는 것처럼 배우고 성장할 수 있다.

  인간다운 삶을 산다는 것은 평생 자신의 존재를 발견하고, 이해한다는 것을 의미한다. 한 명의 건강한 인간으로 살아남기 위해 '자아 인식self-awareness'을 발전시키고, 진정으로 여러분에게 맞는 해답과 선택 사항을 찾아야 한다. 다른 사람의 강요 때문에 여러분이 해야 하는 것들 대신, 여러분이 정말 필요로 하고 여러분을 행복하게 만드는 것을 찾아 진정한 개인적 의미를 찾는 것이 중요하며, 이는 오직 당신만이 할 수 있다.

* **자기 인식:** 책임감 있는 존재가 되기로 했다면, 자기 인식과 자신

의 인생에서 검토할 수 있는 나만의 욕구를 찾아내야 한다. 소
크라테스Socrates는 "반성하지 않는 삶은 살 가치가 없다"라고
했다. 즉, 가치 있는 삶을 살기 위해서, 여러분이 지녀왔던 모든
의미와 신념 체계에 대해 계속해서 질문하고 의심하여야 한다
는 의미이다. 그리고 이제는 자기만의 그것을 만들 차례다. 하
지만 먼저 자기 자신에 대해 알아야 할 시간이 필요하다. 자신
에 대한 이해를 바탕으로 한 인간으로서 자신의 한계를 받아들
여야 한다. 이런 과정에서 여러분은 고독함, 소외감, 죄책감, 두
려움 그리고 불안감을 경험할 수 있다. 상황이나 사람을 통제하
고 싶은 욕구를 내려놓고, 때로는 불편한 감정을 느끼는 게 당연
하다는 것을 받아들여야 한다. 그리고 자기 연민과 자기 존중을
하고 자신이 할 수 있는 최선의 방식으로 자신을 이해하기 위해
노력해야 한다. 데카르트René Descartes는 "여러분의 세상보다는
나 자신을 정복하라"라고 하였다. 여러분은 자신에게 최대의 적
이 될 수도 있고, 최고의 친구가 될 수도 있다. 후자가 여러분의
불안을 줄이는 데 도움이 될 것이다.

⁎ **개인적인 의무**: 자신이 결정한 것들에 대해 개인적인 의무를 다
한다는 것은 다른 사람이나 환경을 비난하며 희생자인 척 행
동하는 것을 방지한다. 그러면서 스스로 자기 개념을 형성하도
록 자극한다. 이 과정이 잘 이루어지고 나면, 자신 안의 자아가
결정하는 것에 집중하며, 타인에게 더는 의지하려 하지 않을 것

이다. 만약에 다른 사람이 여러분의 인생을 책임진다면, 여러분은 실존주의적 견해를 가지고 있지 않다는 뜻이며, 나아가 진정한 자아를 가지고 사는 것이 아니다.

사르트르는 "나는 선택할 자유가 있다. 즉, 창조할 자유가 있다. 어떤 윤리적인 기준도, 일반적인 규정도 당신에게 무언가를 강요할 수 없다. 우리의 삶에는 어떠한 이정표도 없다"라고 말했다. 여러분의 인생에 어떠한 신호가 발생하더라도 여러분이 그 신호들을 어떻게 해석하는지, 어떠한 선택을 하든지 오로지 여러분의 몫이다.

✢ **의미 있는 관계 맺기**: 우리는 다른 사람과 관계하고 싶은 욕구를 지닌 사회적 동물이다. 하지만 인간관계 내에서 실제 자아를 확인하기는 쉽지 않다. 타인에 대한 의존에서 벗어나지 못한다면 여러분은 매시간 다른 사람과 함께 있으려 할 것이고, 그 안에서 자기 개념을 만들려 할 것이다.

자신의 책임을 다하는 삶을 위해 여러분은 반드시 다음을 선택해야만 한다. 사람들에게 받아들여지는 사람이 될 것인가, 그것을 거부하고 고유한 나를 받아들일 것인가? 자기 개념은 수많은 사람 속에 한 인간으로서 개개인을 구분한다. 또한 '나'에서 '너'로 변화하는 지점을 이해하는 것이다. 여기에서의 '나'는 다른 누군가의 확대가 아니다. 독립적인 존재이다. 이러한 경계를 짓는 데에는 시간이 걸릴 수 있지만, 여러분 자신의 인생을 책임지려는 욕구를 가지면, 그 경계들을 세울 준비가 되어있는 셈이다.

필자에게 심리 치료를 받기 위해 찾아온 베스를 예로 들고자한다. 그녀는 서른아홉 살로 두 아이를 둔 어머니이며, 공황 발작을 치료받고 싶다고 말했다. 왜 자신이 공황발작을 일으키는지 도무지 알 수 없었지만, 그녀의 결혼과 관련이 있다고 믿고 있었다. 몇 번의 회기가 지나며, 베스가 남편에게 자기주장을 하기 시작하면 자신을 떠날 것이라 믿고 있다는 걸 확인하였다. 그녀는 오랫동안 남편을 통해 흔들리지 않는 자기 개념을 만들려 애써왔다. 베스는 어린 시절부터 억압적이고 성차별적인 아버지로부터 "모든 여자는 남편에게 순종해야 한다"라고 배웠다. 이렇게 성장한 그녀는 기본적으로 자기 개인의 경계가 전혀 세워져 있지 않았고, 남편과의 관계에서도 자기 자신에 대해 어떤 책임감도 없었다. 그 결과, 그녀는 결혼 생활이 전혀 행복하지 않았고, 남편과의 관계에서도 불화가 깊어졌다.

베스는 결혼에서도 자기 개념이 없었고, '타인을 만족시키기 위한 삶'을 살았기 때문에 이 위기를 어떻게 처리해야 하는지 알수 없었다. 시간이 지날수록 불안에 압도당하여 자신의 결혼 생활이 무너질 것 같다는 두려움에 떨었다. 치료 회기가 거듭되며, 그녀는 자신이 관계에 있어서 아무런 목소리도 내지 않았다는 사실을 알게 되었다. 자기 생각이나 감정, 바람들에 대해 표현할 방법을 몰랐던 거였다. 그녀는 가족 내에서 부인 그리고 엄마의 역할에 책임을 다하지 않았다. 이런 개인적인 의무를 다하지 않고, 그녀는 단지 남편의 아이 중 하나로써 살거나, 엄격한 아버지의 어린 딸로서 머물러 있었다. 이를 깨닫게 되면서, 부부간의 관계에서 위치를 바꾸기 시작했다. 이후 남편과의 관계가 크게 변화하였으며, 그녀의 불안은 확연히 줄어들었다.

죽음은 피할 수 없는 것이다.

에크하르트 톨레Eckhart Tolle*는 다음과 같이 말했다.

"매일 우리는 눈앞에 닥친 문제를 해결하느라 바쁘다. 이런 삶에서 두려움과 욕망을 뺀다면 과연 무엇이 남을까? 단지 묘비에 새겨질 태어난 날과 죽은 날 사이의 5센티미터 정도 되는 선 뿐이다."

모든 사람과 마찬가지로, 여러분도 언젠가 죽음을 맞이할 것이다. 죽음은 무섭고 피하고 싶은 주제이기에 대부분 사람은 죽음을 자주 생각하려 하지 않는다. 하지만 죽음은 내부의 자아를 좀 더 깊게 인식할 수 있도록 도와주는 삶의 한 조건으로서,

---

* 에크하르트 톨레Eckhart Tolle: 독일 출신으로 21세기를 대표하는 영적 교사로 불린다. 대표 저서로 《지금, 이 순간을 살아라》, 《삶으로 다시 떠오르기》 등이 있다 —편집자 주

두려워하거나 무서워할 일이 아닌 삶이라는 여행의 가치를 강화하는 단순한 도구에 지나지 않는다. 끝이 있다는 걸 깨닫는 것은 자신의 인생에 어떠한 의미와 목적을 부여하게 한다.

언젠가 삶이 끝난다는 것을 알게 되면 내가 맺고 있는 인간관계, 나의 직업 및 내가 가진 모든 것들에 더욱 감사할 수 있다. 내가 사랑하고 소중하게 여기는 모든 것, 나의 열정과 내가 높이 평가하는 모든 것들은 어쩌면 너무나 빨리 사라질 수도 있는 것들이다. 언젠가는 반드시 죽는다는 사실을 인지하지 못한다면, 중요하게 생각하는 것들이 소중하게 여겨지지 않을 것이고 인생은 살 만한 가치가 없다고 느낄지도 모른다.

나의 선택이 나를 지배할 수 있도록 하여 불안을 최소화하는 것이야말로 행복할 수 있는 최선이며, 나의 인생을 소중하게 여기는 방법이다.

스스로 책임지기 위한 연습

자신을 스스로 책임지기 위해서는 현재 내가 누구인지, 또 그것이 무엇을 의미하는지를 이해하는 것이 우선이다. 또한, 자신이 책임지지 않으려 하는 삶의 모든 영역을 확인할 필요가 있다. 이는 나의 욕구와 실제로 선택했던 것을 비교할 수 있도록 해준다. 필요하다면, 목록 형식으로 여러분이 진짜 좋아하는 것들을 적어보라. 그 후 자신이 진짜 목표를 달성하는 데 방해하는 신념이나 사람들을 떠올려 보라.

자신을 책임지는 사람이 된다는 것은 스스로 결정을 내리는 사람이 된다는 것이다. 또한, 오직 나만이 맘에 들지 않는 나를 바꿀 수 있다는 사실을 아는 것이다. 일이 잘못되어가거나 부정적인 감정이 드는 것에 대해 죄책감을 느낄 때, 혹은 다른 사람을 비난하는 자신을 발견했을 때 자기 자신에게 주의를 기울여 보라. 자신의 인생에 스스로 조처를 할 수 있을 것이다. 여러분 자신에게 다음과 같은 질문을 해보라.

* **바꿀 수 있는 건 없다고 스스로 결정 내린 적이 있는가?**

여러분 자신이 사고하는 한 가지 방식만이 자신이 할 수 있는 전부라고 여겼다면, 수년 동안 고수해 왔던 신념을 의심 없이 따르는 데 익숙해져 있는 것이다. 결코, 한 가지 방식만이 전부가 아니다. 언제나 우리에게는 여러 선택 사항이 존재한다. 자동적인 생각이나 행동을 포기하는 것은 매우 어려운 일이다. 하지만 자신이 진정으로 바라는 것이 무엇인지에 초점을 옮기면, 여러분은 최소한 여러분 자신에 대해 다시 생각해 볼 수 있다.

* **생각과 감정 그리고 행동이 무의식적이고 충동적인가?**

오래된 습관, 특히 안전과 관련된 순간에는 반사적이고 충동적인 반응이 나올 수 있다. 그래야 사고에 주의를 기울일 수 있기 때문이다. 만약 여러분의 신념을 위협할 만한 다른 신념이 생겨나더라도, 그걸 왜 이제야 알았냐며 자신을 너무 자책하지 마라. 다른 것들을 살펴볼 여유가 없었을 뿐이다. 이제 여러분이 알고 있는 것만이 진실이 아니라는 사실을 알고, 이를 자신의 신념을 재창조할 수 있는 원동력으로 활용할 차례이다.

❋ 인생의 대부분을 희생했다고 여기며, 과거 자신의 잘못에 대해서도 다른 사람을 비난하는가?

과거 여러분이 자신에게 책임 있는 사람이 아니었다면, 타인에 의해 조종당하고 있다고 믿었을지도 모른다. 마치 희생자였다고 말이다. 하지만 자신의 인생에 대한 책임을 갖는다면, 다른 사람이 나를 조종하도록 내버려 둘 필요가 없어진다. 가해자와 희생자로 나뉘는 삶은 얼마나 많은 스트레스와 불만을 일으키는가? 만약 희생자가 된 것 같은 기분이 들거나 다른 사람에게 비난의 마음이 든다면 노트에 정리해보도록 하라. 정리하며 희생자가 된 것 같은 기분이 진실이 아니라는 걸 알게 된다면, 현재 상황을 바꿀 수 있는 것은 나 자신뿐이라는 걸 깨닫게 될 것이다.

❋ 자신의 결정과 현재 발생한 문제를 책임지려고 하지 않았는가?

지금까지는 주변의 모든 상황이나 스스로 선택한 것에 대한 책임이 없다고 믿어왔었는지도 모른다. 만약 여러분이 다른 사람을 만족시키는 것에 가장 큰 가치를 두고 살아왔다면 더욱 그럴 확률이 높다. 진정으로 원하지 않는 것도 스스로 해야만 하는 일이라고 설득하며 살아왔을 수도 있다. 하지만 그런 생각이 여러분을 더 불안하게 만들었을 것이다. 여러분은 타인이 중심이 되는 이런 신념을 바꾸어 진정한 자아에 대해 책임감을 느껴야 한다. 자신의 욕구를 파악하고 자신의 선택을 책임지는 삶이야 말로 불안을 잠재울 수 있다.

* **중요한 사람과의 관계에 있어서 진실한 마음을 표현하는 것이 두려운가?**

누군가와 사랑에 빠졌을 때, 그 사람을 만족시키고 싶다는 욕구와 함께 이에 대한 압박을 느낄 것이다. 여러분은 상대방이 혹여 자신에게 흥미를 잃을까 염려하며 여러분의 의견, 부정적인 감정, 원하는 행동 등을 억제할지도 모른다. 자신을 떠날까 봐 솔직한 마음이나 요구를 표현하는 데 주저할 수도 있다. 솔직할 수 없는 관계는 얼마나 큰 스트레스를 주겠는가? 여러분이 어떤 사람인지 보여 주었을 때, 여러분의 가치를 알아주는 사람을 찾는 게 나을 것이다. 이것이 불안을 잠재우는 방법이다.

* **나는 내 인생에 끝이 올 것이라는 사실을 받아들이기 두려워하는가?**

죽음은 누구도 피할 수 없다. 참 슬픈 일이지만, 이 사실을 받아들이면 죽음은 우리의 삶을 더욱 완전하게 살 수 있도록 하는 동기를 부여하기도 한다. 죽음을 걱정하는 것은 불안을 늘릴 뿐이다. 인생이 유한하기에 사는 동안 삶에 책임지겠노라 결심하면, 미래에 대한 불안감으로 시간을 날리지 않고 훨씬 건설적인 삶을 살 수 있다.

생각 바꾸기

자신의 인생에 대해 의무를 다하며 더욱 책임감 있는 사람이 되기로 했다면, 여러 가지 상황에 대응하기 전에 잠시 숨을 고르고 무언가를 의식하는 듯한 자세를 취하라. 잠시 쉬는 시간을 통해 여러분은 다른 사람에 대한 비난을 멈추고 죄책감에서 벗어날 수 있다. 또한, 이 쉬는 시간은 사람들에게 의존적인 모습에서 벗어나 여러분 자신에게 책임을 지는 의식적인 선택을 할 수 있도록 도울 것이다. 자신에게 책임을 지는 것은 다른 사람의 기대와 기준에 맞추어서 살기 위해 노력하는 것보다 훨씬 큰 만족감을 준다. 종전과는 다른 대응을 원한다면 5분의 시간을 투자하라. 아래의 문장을 이용해 그 습관을 들이기를 바란다.

- 나는 인생이 다하는 날까지 나 자신을 바꾸고 재창조할 것이며, 정해진 결과에 안주하지 않을 것이다.

여러분 자신의 욕구에 귀 기울이고, 자신이 믿고 싶은 것, 혹은 하고 싶은 것을 즐겨라. 이런 마음가짐을 갖는다면 새로운 기회가 많이 열리고, 그동안 고집했던 묵은 사고 패턴을 깰 수 있다. 새로운 대안과 가능성은 맞지 않는 사고방식에 갇혀 지내왔던 것보다 훨씬 행복한 삶을 살게 할 것이다.

• 나는 인생의 의미를 찾기 위해 명상 등을 활용하는 '적극적인 의식화 자세'를 갖출 것이다.

우리는 자신의 사고와 감정 그리고 행동에 관한 통제권을 가지고 있다. 의식화는 변화를 만드는 강력한 도구이다. 자기 생각과 행동을 계속 의식할 수 있다면, 변화가 필요한 패턴을 확인할 수 있을 것이다.

• 나는 좀 더 나은 오늘을 위해 삶의 모든 환경에 대해 전적으로 책임질 것이다.

나를 비난할 사람은 어디에도 없다. 자신의 인생을 책임지리라 결심한다면, 삶은 좀 더 행복해진다. 사람들은 때로 교묘하게 책임을 타인에게 돌리고 자신을 스스로 방치했다는 것을 깨달으면 타인에게 향했던 화살을 자신에게 돌리기도 한다. 비난할 누군가를 찾지 말고 지금 현재 자신이 할 수 있는 범위를 파악하여 그 안에서 최선을 다해라. 이를 통해 불안을 다스리고 동시에 인생의 대부분은 항상 예측할 수 없다는 사실도 기억하라.

- 나는 스스로의 선택을 정확히 인지하고, 인생의 주인은 오롯이 나 자신임을 받아들일 것이다.

자신의 선택에 집중하고, 선택의 내용을 명확히 인식하라. 그럴수록 자신에게 최선의 선택이 무엇인지를 알고, 그 선택을 스스로 평가할 수 있다. 이렇게 만들어진 여러분만의 진실한 선택은 여러분의 불안을 잠재우는 데 도움을 준다.

- 나는 인간관계를 통해 내가 누군지 깨닫는 개별적인 사람이 될 것이다. 다른 사람과 나를 차별화하고, 나의 특별함을 다른 사람에게 알릴 것이다.

다른 사람들에 의해 춤추지 말고, 자신만의 개성을 지닌 고유의 사람이 되어라. 자신에게 솔직할 때 어떤 유형의 사람들과도 쉽게 어울릴 수 있다. 여러분이 정말로 누구인지, 어떤 모습으로 살고 싶은지 표현할수록 많은 사람 속에서도 여러분은 빛이 날 것이다.

일부 사람들의 경우 여러분의 새로운 모습에 익숙해지는 데 시간이 필요할 수도 있다. 하지만 여러분은 그간 자신에게 어울리지 않을 거라 믿었던 모습으로 살아가면서 새로운 행복을 찾을 것이다. 동시에 그 행복감은 여러분의 불안을 덜어줄 것이다.

- 나는 남은 삶을 현명하게 살아가며 죽음은 삶을 더욱 충만하게 만드는 개념으로 받아들일 것이다.

주어진 인생을 최고로 만들어라. 여러분의 삶은 오로지 여러분에게 선택권이 있다. 여러분은 진실한 삶을 살지 않기로 하고 자신을 불안감에 노출할 수도, 자신에게 솔직해지며 의미 있는 삶을 살 수도 있다. 어떤 삶이 자신에게 더 유익해 보이는가?

Chapter 7

나의 사고를
재구성하라

"행복은 당신의 환경에서 오는 것이 아니라,
당신의 마음에서 오는 것이다"

— 에크하르트 톨레

내부에 자리한 고정적이고 부정적인 신념들에 대한 인식을 강화하기 시작했는가? 그렇다면 이제 내적 대화를 관리할 수 있는 실제 연습 단계이다. 고정적이고 부정적인 신념들은 이전 장에서 언급했던 대로 굳어진 사고방식에서 비롯된 생각들을 포함한다. 즉 합의 현실, 이분법적 사고, 통제 착각, 자기 책임 회피에서 오는 감정이나 생각 등이 포함된다. 그 때문에 여러분의 내부를 살펴보고 자신을 관리하는 연습을 꾸준히 하면 여러분의 고유 현실은 더욱 긍정적으로 변화할 것이다. 불안 또한 잘 관리할 수 있다.

불안을 일으키는 생각들

자신의 고유 현실을 만드는 것은 앞에서 언급한 자동적 사고를 확인하는 데에서 시작한다. 자동적 사고는 네 가지 고정된 사고방식을 통해 동작한다. 여러분이 수년 동안 가정했던 자동적 사고를 정확하게 확인하고 명명할수록, 그 생각들은 점점 진실과 멀어질 것이다. 스스로 자동적 사고들이 자신과 맞지 않고 진실로 원하지 않는다는 사실을 인정한다면 그 과정은 더욱 빨라진다. 그러다 자동적 사고가 희미해지는 시점이 올 것이다. 그때 그 신념들을 불변하는 사실이라고 맹목적으로 받아들이지 않고, 실제 그것들이 나에게 어떤 영향을 끼쳤는지 실체를 확인할 수 있다. 오랫동안 굳게 믿어 온 신념들이 나에게 좋은 영향을 준 게 아니라 오히려 불안을 일으켰다는 사실을 말이다.

자기 생각을 스스로 관리함으로써 여러분은 타인의 영향을 받지 않는, 나만의 고유 현실을 만들 수 있다. 이 과정의 핵심은 여태까지 믿어왔던 사고들을 어떻게 재구성하는지 배우는 것이다. 여러분의 인생에 주어진 여러 사건이나 상황을 새롭게 인식하는 습관을 만드는 것은 분명 어느 정도의 시간과 노력이 필요하다.

하지만 연습할수록 익숙해질 것이다. 그리고 새로운 사고가 가져다주는 장점을 경험하면, 새로운 것을 연습하는 데 더욱 동기부여가 될 것이다.

이 장에서는 여러분에게 상처를 주는 사고들을 확인하고, 그 사고를 재구성하여 여러분의 불안을 감소시킬 수 있게 도움을 주고자 한다. 다음의 예에서 여러분의 생각과 비슷한 것들을 표시해 보라. 바로 그것들이 여러분의 고유 현실을 만들기 위해 여러분이 재구성해야 할 신념들이다.

불안을 일으키는 합의 현실의 예

❋ **문제를 해결하는 데에는 오직 한 가지 방법만이 존재한다.**

나는 반드시 내가 옳다고 믿는 방식대로만 따라야 한다. 이런 신념이 나를 더욱 불안하게 만든다 해도 반드시 그래야 한다.

❋ **나는 인생에서 목표를 가져야 한다.**

그 목표는 내 마음에 들지 않더라도, 가족이 인정할 만한 것이어야 한다. 그것이 책임감 있는 사람들이 사는 방식이다. 나에게 목표가 없으면, 주변 사람들은 나를 무시할 것이다.

❋ **나는 좀 더 생산적이고 창의적이며, 야망이 있어야 한다.**

나는 내가 사람들에게 더 발전할 수 있고, 일을 잘 끝마칠 수 있다는 것을 증명해야 한다. 평범해지는 것은 내가 패배자라는 것을 인정하는 꼴이다.

❋ **나는 부모님의 뜻을 따라야 한다.**

내가 원치 않아도 그들을 만족시키는 게 더 중요하다. 내가 추구하려는 것은 인정해주지 않을 테니 그것을 포기해야 할 것이다. 나는 내 가족을 실망하게 해서는 안 된다.

❋ **나는 결혼해서 아이를 가져야 한다.**

그것이 바로 성인 아니겠는가? 나는 아직 좋은 사람을 만나지 못해 마음이 급하고 압박감을 느낀다. 내가 결혼하거나 아이를 가질 준비가 되었는지는 확신할 수 없지만, 반드시 해야만 한다는 것은 알고 있다.

* **나는 행복해져야만 한다.**
대부분 나는 삶에서 만족감보다는 불안함을 자주 느낀다. 나는 그것을 잘 숨겨야 하므로 항상 미소 짓는다. 사람들이 나를 걱정하거나 우울해 보인다고 생각하는 것을 원하지 않는다.

불안을 일으키는 이분법적 사고의 예

* **매년 일정 금액만큼 돈을 벌지 못하면 나는 실패자다.**
그동안 열심히 일해 왔지만, 아직 나는 친구나 형제들이 버는 만큼 돈을 벌지 못한다. 그들의 연봉과 비교할 때면 부끄러움을 느낀다. 내가 하는 업무에서 자주 인정을 받았더라도, 받아야 한다고 생각하는 연봉보다 적게 받기 때문에 나는 잘하고 있지 않다.

* **주변에 도움을 요청하거나 심리치료사에게 상담을 받는다면, 그것은 내가 약한 사람이라는 것을 의미한다.**
상담은 미친 사람들이 받는 것 아닌가? 내가 상담을 받으러

간다면 그것은 나 자신의 문제조차 스스로 다루지 못한다는 것을 의미한다. 내가 비정상적이라는 것이다. 나는 이미 무언가 잘못되었다고 느끼기 때문에, 더는 상황을 악화시키고 싶지 않다.

❋ 어떤 잘못된 결정을 내리면, 나는 한심하고 멍청한 것이다.

그동안 나에게 주어진 것 중 대부분을 잘 해왔다는 것은 중요하지 않다. 나는 항상 현명한 선택을 해야 한다. 멍청한 사람들만이 잘못된 선택을 하는 것이다. 나의 아버지는 항상 옳은 결정을 해 왔기 때문에, 최소한 그의 말을 따르는 것이 바르다고 생각한다. 내가 현명했다면, 나는 항상 최상의 선택을 했을 것이다. 그렇지 못한 나는 근본적으로 멍청한 사람이다.

❋ 매일 운동을 하지 않는다면, 나는 게으른 것이다.

조금만 방심해도 살이 찔 수 있다. 때때로 업무가 끝나면 너무 지치지만, 게을러 보이는 것이 싫어 기어서라도 헬스장에 간다. 컨디션이 좋지 않지만, 운동을 하루라도 쉴 수 없다. 헬스장에서 아는 사람들을 만나기 때문에 하루라도 가지 않으면 부끄러울 것이다. 나는 게으름을 혐오한다.

❋ 실수하거나 해야 할 일을 깜박 잊었다면, 나는 무책임하다.

나는 모든 것에 완벽해야 한다고 배우며 자라왔다. 실수한다는 것은 곧 내가 결점이 있다는 것을 의미한다. 실수는 내가 충분히 노력하지 않았다는 증거이며, 태만했음을 보여 주는 것이다. 항상 일을 바르게 처리하지 못하는 것은 수치스러운 일이다.

❋ **이혼한다는 것은 인생의 오점이자 실패이다.**
나는 결혼 생활을 유지할 수 있도록 더 열심히 노력해야 한다. 배우자에게 집중하고, 그를 행복하도록 최선을 다해야 한다. 결혼은 영원해야 한다. 만약 그렇지 못한다면 분명 나에게 잘못이 있는 것이며, 결혼 생활에 있어 실패한 것이다.

불안을 일으키는 통제 착각의 예

❋ **나는 다른 사람의 문제를 해결하는 데 책임이 있다.**
이것은 반드시 내가 짊어져야 할 일이다. 나를 필요로 하는 누군가를 어떻게 외면할 수 있겠는가. 교제했던 사람들과 친구, 가족들의 어려움을 해결해 주기 위해 항상 노력해야 한다. 심지어 어떠한 보상을 받지 못하더라도 다른 사람들에게 만족감을 주어야 한다. 때로는 나 자신에게 소홀해지지만, 반드시 그래야만 한다.

❋ **사랑하는 사람들이 모두 안전하고 건강한지 확인해야 한다.**
나는 정기적으로 모든 사람을 살펴야 한다. 확인되지 않는 사람이 있다면 불안하고 걱정이 된다. 종종 다른 사람의 이야기를 들고, 마음 상태를 확인하느라 내 개인적인 약속에 늦기도 하지만 나 자신을 보살피기 전에 주변 모두가 괜찮은지 확인하는 것이 더 중요하다.

* **언제나 내가 원하는 방식대로 일이 진행되고 있는지 확인해야 한다.**
어떤 일이라도 나만의 방식대로 진행되어야만 나의 성과를 예측할 수 있다. 성과를 예측하고, 그렇게 되도록 노력하는 것이 핵심이다. 나에게 중요한 다른 부분을 놓치게 되더라도 내가 선택한 방식으로 모든 것들을 바라보아야 한다. 나에게 다른 어떤 것보다 '옳은' 결과를 얻는 것이 중요하기 때문이다.

* **항상 모든 일은 확신이 필요하며, 확신을 하기 위해 온갖 수단을 다 써야 한다.**
불확실하다는 것은 나에게 큰 고통이다. 만약 여행하게 되면, 예외 상황이 오는 것을 견디지 못하기 때문에 여행 일정에 대해 두세 번 점검한다. 나는 인생에서 벌어지는 많은 상황을 대비하기 위해 할 수 있는 모든 것을 할 것이다.

* **누구도 실망하게 해서는 안 된다. 그렇지 않으면 나는 버림받을 것이다.**
혼자가 된다는 것이 너무나 두렵다. 나를 좋아해 줄 사람이 필요하다. 그 때문에 나는 가능한 한 모두를 즐겁게 만들기 위해

노력한다. 무책임하고 약속을 잘 지키지 않는 사람에게 돈을 빌려주기도 한다. 돈을 돌려받지 못하는 것은 싫지만 항상 내가 대기하고 있다는 것을 주변 사람들이 알아야 한다. 심지어 누군가가 나에게 무언가를 부탁하면 하던 일을 중단할 때도 있다. 그렇게 해야 부탁한 사람이 나를 떠나지 않을 것이다. 다른 사람이 나를 필요한 사람으로 여길 때 비로소 안전하다는 느낌이 든다.

❋ **무언가를 내려놓으면, 나쁜 일이 일어나 나의 모든 것을 잃고 말 것이다.**
나는 단단하게 고정된 요요와 같다. 의무와 통제 욕구 사이를 왕복하며 살고 있다. 이런 삶은 매우 스트레스를 주지만, 잠시라도 긴장을 풀면 내가 원하는 방향대로 흘러가지 않을 것이기에 어쩔 수 없다.

불안을 일으키는 자기 책임 회피의 예

❋ **나는 절대로 바뀔 수 없다.**
그동안 이런 방식으로 살아왔고, 다르게 생각하는 것은 상상할 수 없다. 언젠가 나의 사고방식과 선택을 바꿀 필요가 있다고 생각한 적은 있지만, 한 번도 그런 일이 일어나지 않았다. 나는 그냥 나를 불안한 사람으로 받아들이고 그런 상태로 살아야 한다.

❋ 부정적인 느낌을 갖는 것은 금물이다.

한번 부정적인 감정이 들기 시작하면, 다시 감정을 되돌리기 위
해 노력한다. 그런 감정이 내 안에 남아있더라도, 무시하려 노력
한다. 다른 사람이 눈치채지 못하도록 해야 한다.

❋ 모든 사람이 항상 나를 반대한다.

사람들이 나를 좋아하지 않는 것 같다. 가족들은 종종 나의 잘
못을 비난한다. 직장에서는 내가 오랜 시간 열심히 일하기 때문
에 모두가 나를 경쟁자로 여길 것이다. 나는 언제나 지지는커녕,
비난만 받는다. 나는 항상 나의 가치를 인정받지 못하는 기분
이다.

❋ 무엇을 하든, 나쁜 일은 항상 나에게만 일어나는 것 같다.

나는 열심히 노력하지만, 여전히 종종 실수한다. 그런데 실수를
하면 마치 내가 원하던 것이 산산 조각나는 느낌이 든다. 무엇
이든 원하는 방식으로 진행되지 않으며, 나는 불운을 가지고 태
어난 것 같다. 나는 일이 잘못될 것을 예상할 수 있고, 실제로도
잘 흘러가는 법이 없다.

❋ 나의 진짜 모습을 보여 주며 원하는 대로 행동하면, 사람들은 분명
나를 거부할 것이다.

나는 나 자신을 좋아하지 않으며, 원하는 것을 이루기에 충분하

지 않다고 생각한다. 그래서 나의 진짜 성격, 의견 그리고 욕망을 숨기고 사람들이 기대하는 방식으로 행동하려 노력한다. 때로 배우 같은 느낌이 들지만, 그 가면을 써야지만 내 주변에 사람들이 머문다. 어쩌면 누군가는 나의 진짜 모습도 좋아할지도 모르지만, 나는 그런 위험을 감수하고 싶지 않다.

＊ **어떤 상황이든 언젠가 끝이 날 텐데, 왜 무언가를 해야 하는지 모르겠다.**
'왜 그렇게까지 해서 나 자신을 괴롭혀야 하는가?' 이렇게 피하는 것이 익숙하다. 내가 좋아하는 일을 할 수 있는 회사라도 결국은 나를 해고할 것이다. 함께 있으면 행복한 사람들이라도 언젠가 그 관계는 끝이 난다. 끝내 모두 잃게 될 텐데, 왜 나를 괴롭혀야 하는가?

나의 사고를 재구성하라

일단 여러분 자신의 부정적인 사고를 확인했다면, 다음 단계에서는 그것들을 좀 더 균형 잡히고 현실적인 생각으로 대체해야 한다. 이것은 쉽지 않은데, 결코 긍정적인 사고를 무조건 받아들이라는 말이 아니다. 자신의 부정적인 사고에 이의를 제기하고, 대체 사고를 제안할 수 있게끔 하는 것이다. 이 대체 사고는 여러분 고유의 가치 체제에 기반한 스스로 살고 싶은 현실로부터 생겨난다. 먼저 '합의 현실', '이분법적 사고', '통제 착각', '자기 책임 회피' 등 네 가지 개념으로 특징지어진 부정적 사고 중 하나를 선택해 보자. 그 사고를 좀 더 균형 잡힌 방향으로 바라보기 위해 한번 분석해 보는 것도 좋다.

필자의 경우, 어린 시절부터 깊게 배어든 신념들을 어떻게 재구성해야 할지 막막했다. 롤모델이었던 나의 아버지는 책임감 있는 성인은 모든 것을 걱정해야 하며, 항상 사람들을 경계해야 한다고 하였다. 하루라도 경계를 푼다면, 큰일이 기다리고 있을 것이라고 말이다. 나는 아버지의 말을 무조건 믿었기 때문에, 이 세상을 안전하게 살기 위해 항상 많은 것을 걱정하고 통제해야 했다. 때로 아무런 걱정이 들지 않을 때면, 아버지가 말한 것들을 지키지 못하는 데 대해 걱정하기 시작했고, 그것은 죄책감으로 이어졌다.

필자의 이런 생각을 재구성하기 시작했던 시점은 얼마나 많은 신경을 곤두세우며 살고 있는지를 깨달은 후였다. 이후 조금씩 내려놓는 방법에 대해 터득했다. 그러면서 이 생각이 수년 전 아버지에 의해 만들어진 것임을 알게 되었다. 즉 이런 신념이 원래 나의 가치 체제가 아니었다. 고로 그런 삶을 살지 못하는 데에서 오는 공포 또한 나의 공포가 아니었다. 아버지의 공포일 뿐이었다. 그렇게 스스로 통제할 수 있는 것에 대해서만 집중하면 된다는 걸 깨달았다. 가장 중요한 것은, 나의 개인적인 가치 체제를 기반으로 책임감 있는 성인이 무엇인지 다시 정의하는 것이었다. 한번 그렇게 생각하니 걱정이 점차 사라졌다.

다음은 몇몇 비합리적인 신념들을 좀 더 현실적으로 재구성해보았다. 불안을 감소시킬 수 있는지 여러 신념에 도전해보자.

나는 생산적이고 창의적이며 야망이 있어야 한다.

이 문장은 합의 현실로서 대부분의 사람이 종종 자신에게 강요하는 생각이기도 하다. 3장에서 논의한 것처럼 이런 비합리적 신념에 가장 강하게 영향을 미치는 키워드는 바로 '~해야 한다'와 같이 당위적인 문체이다. 이런 문장으로 만들어진 신념은 '생산적이고 창의적이고 야망이 있어야 하는 것'이 마치 당연한 사실처럼 느껴지게 한다. 사실 그런 것들은 어디에도 존재하지 않는다.

이 당위적인 신념에 대해 생각해 보자. 우리는 타인이 '~해야 한다'라고 말하는 것을 반드시 지켜야만 하는가? 왜, 부모님의 말씀이라서? 사회적 통념이기 때문에? 아니면 종교의 가르침이라 거역해서는 안 되기 때문인가? 나의 삶에서 운전대를 잡은 사람은 누구인가? 바로 나 자신이다. 이런 당위적인 사고방식은 합의 현실과 같은 신념이다. 한번 합의 현실에 관한 고정된 신념을 찾아내면, 무엇이 생산적이고 창의적이고 야심적인지 자신에게 맞는 정의로 신념을 재구성할 수 있다. 이 작업은 연습이 필요하다. '나는 생산적이고 창의적이며 야망이 있어야 한다'라는 문장을 재구성하면 다음과 같다.

"나는 생산적이고 창의적이며 야망이 있는 사람이 되기를 원한다. 하지만 내가 가장 먼저 해야 하는 것은 '생산적이고 창의적이며 야망이 있다는 것'이 나에게 무엇을 의미하는지 이해하는 것이다. 나는 우선 목표를 어떻게 세울지, 그리고 목표를 이루기 위해 무엇을 해야 하는지를 깊이 생각할 것이다."

생산적으로 된다는 것을 자신만의 의미로 재구성했기 때문에 더욱 균형 잡힌 표현이라고 볼 수 있다. 또한, 나 자신에게 책임감을 부과하기 때문에 '~해야 한다'가 가지는 당위적이고 권위적인 소리를 제거할 수 있다. 그리고 '~을(를) 해야 한다'보다 '~을(를) 더 좋아한다'가 훨씬 긍정적인 동기를 부여한다. 게다가 스트레스를 훨씬 더 줄여주기도 한다.

무엇이든 하고 있는 것에 잘못된 결정을 내리면, 나는 한심하고 멍청한 것이다.

이 신념은 전형적인 이분법적 사고방식으로, 즉각적으로 이의를 제기하지 않으면 상황을 매우 악화시킬 수 있다. 우선 '옳은' 결정이 무엇인지에 대해 고민해 보아야 한다. '옳은' 결정을 하지 않는 것이 마치 비도덕적이라 생각할 수 있겠지만 그것은 사실과 다르다. 우리는 무엇을 결정할 때 당시 가진 정보를 활용한다. 따라서 올바르지 않거나 잘못된 결정은 없다고 보아야 한다.

가장 문제가 되는 부분은 '무엇이든 하는 것'이다. '무엇이든' 이라는 것은 3장에서 논의했던 당위적인 표현 중 하나인데, 사실 인생이라는 흐름과는 전혀 관련이 없다. 인생은 예측할 수 없는 다양한 환경들로 가득 차 있고, 서로 섬세하고 미묘한 조화를 이루기 때문에 항상 어떤 일이든 옳은 선택을 할 수 없다. 게다가, '멍청한'이라는 표현 또한 현명하거나 멍청하거나 하는 흑백논리의 극단적인 개념으로 나뉜 기준이기 때문에 잘못된 사고방식인 것이다. 전부가 아니면 아무것도 아니라는 사고를 버리고, 여러분 자기 생각과 가치를 나타내는 단어를 사용하여 다음과 같이 안정된 문장으로 재구성하라.

"인생은 매우 복잡하고 다양한 것들로 구성되어 있다. 내가 내린 결정이 때로는 나에게 좋지 않은 영향을 끼칠 수 있지만, 그 결정으로 나 자신을 평가할 수는 없다. 다음에는 더욱 적절한 결정을 내리기를 바라고, 그렇지 않더라도 여전히 나는 최선을 다하고 있다."

이렇게 재구성한다면 여러분이 내리는 모든 결정이 옳아야 할 이유가 사라진다. 독재적인 모습보다 훨씬 덜 경직되고 더욱 친절하며, 동정적이다. 또한, 여러분의 흑백론적인 사고를 재평가하고, 극단적인 행동을 방지해주며, 우리 삶의 대부분을 차지하는 수많은 중간 영역에 대해 주의를 기울이도록 돕는다.

주변을 통제하지 않으면, 분명 나쁜 일이 일어나 모든 것을 잃고 말 것이다

이 문장은 불안을 일으키는 극단적 사고방식의 대표적인 예이다. 또한, 많은 사람이 안전감을 느끼기 위해 고집하는 잘못된 부정적 신념이기도 하다. 5장에서 언급했던 것처럼, 이런 부정적인 사고는 여러분 마음을 지배하여 이것이 마치 안전하게 살 수 있는 유일한 방법이라고 착각하게 만든다. 하지만 우리는 자신의 인생 대부분에 통제권을 가지고 있지 않으며, 실질적인 통제권을 갖기 위해서는 먼저 그 착각부터 내려놓아야 한다.

'나는 모든 것을 잃게 될 거야'라는 문장 또한 터무니없고 굉장히 부정적인 영향을 끼치는 표현이다. 생각해 보면, '모든 것'을 잃는다는 것은 극대화된 표현으로 과도한 일반화의 오류이다. 이 표현에는 어떠한 타당성도 없으며, 통제 착각만 담겨있다. 합리적인 태도로 실제 통제할 수 있는 것과 연결하여 다음과 같이 문장을 재구성하라. 또한, 여러분이 전혀 통제할 수 없는 것들에 대해 인정하라.

"모든 것을 통제할 수 있다는 것은 착각에 불과하다. 대신 나는 인생에서 스스로 통제할 수 있는 것들을 확인하여 그것에만 집중할 것이다. 물론 통제할 수 있다는 착각을 내려놓는 것은 매우 두려운 일임을 알고 있다. 하지만 이것을 받아들이면 점차 불안이 줄어들고, 긍정적인 영향을 얻게 될 것이다."

이렇게 표현을 바꾸면 자신이 범하고 있던 통제 착각을 인정하고, 잘못된 생각에서 벗어날 수 있다. 또한, 이 문장은 합리적인 사고와 판단을 끌어낸다.

무엇을 하든 상관없이 나쁜 일은 항상 나에게만 일어나는 것 같다.

이 문장 또한 극단으로 치우친 근거 없는 사고이다. 여러분의 행복에 대한 책임을 회피하고, 무기력하게 만드는 부정적 사고이기도 하다. 이 사고에서는 자신의 능력이 상황을 바꿀 수 있다고 생각하지 못한다. 그러면서 항상 부정적인 생각과 함께 살아갈 수밖에 없다.

이 부정적 사고에서의 가장 큰 문제점은 '무엇을 하든 상관없이'와 '항상'이다. '무엇을 하든지 상관없이'라는 말은 인생에서 겪는 다양한 경험들을 지나치게 일반화시키는 문구이다. 과거의 특정한 사건에 집착하여, 나쁜 일들이 계속 인생에서 일어날 거라고 예상하는 것이며, 명백히 비합리적인 표현이다.

이렇게 스스로 평가 내린 무능력함, 즉 미래에도 일이 잘못 흘러갈 수 있으니 나 자신을 무능력하게 만들어야 한다는 신념은 닥치지 않은 미래임에도 아주 큰 불안을 가져다준다. 이런 사고를 계속 고집한다면, 당신은 자신의 운명을 자유롭게 선택할 수 없다.

또한, 이러한 신념을 강화할수록, 자신의 인생은 이미 운이 다했다고 느낄 것이다. 여러분이 하는 어떠한 노력도 성공하지 못할 거라고 가정할지도 모른다. 무엇보다 여러분의 인생에서 좋은 일이 일어나지 않으면 주변의 모든 사람과 모든 상황을 원망할 것이다. 여러분의 능력을 되찾을 수 있도록 다음과 같이 좀 더 합리적으로 접근해 보자.

"나쁜 일들은 언제든 일어날 수 있다. 나에게 닥친 문제로 세상만 비난한다면, 나는 나에 대한 영향력을 빼앗기게 될 것이다. 내가 바로 내 운명의 주인이다. 나는 행복에 대한 책임을 나 자신에게 맡기고 긍정적인 미래를 설계하여 스스로 영향력이 있는 사람이 될 것이다. 그렇게 된다면 불안이 낮아져 더욱 행복한 삶을 즐길 수 있을 것이다."

이렇게 문장을 재구성하여 확인되지 않은 운명의 희생자가 될지, 나 자신에게 책임감을 느끼는 사람이 될지 스스로 선택할 수 있다. 인생은 정말 복잡하고, 언제라도 불행한 일이 일어날 수 있다. 이것을 인정하는 것이야말로 불안을 통제하게 한다. 또한, 여러분에게 더욱 많은 통제권을 줄 것이다.

이 장에서 보여 준 대로 여러분의 부정적 사고들을 재구성하는 것은 시간이 걸릴 수 있지만, 노력할만한 가치가 있다. 처음에는 이런 작업이 다소 불편하고 두려움을 느끼게 하겠지만, 천천히 진행하면 결국 해낼 것이다. 여러분이 오랫동안 고수했던 사고이기에 재구성하려는 노력은 때때로 실패로 돌아갈 수도 있다. 하지만 당신 자신에게 화내지 마라. 화를 참아내기 위해 노력하면서 느끼는 불안을 여러분도 원하지 않을 것이다. 그냥 계속해서 노력하다 보면 사고방식이 달라져 습관 같아 보일 것이다.

Chapter 8

핵심 가치를
재발견하라

"오로지 자신의 마음을 바라볼 때 비전이 선명해진다.
밖을 보는 자는 꿈꾸는 자요,
안을 보는 자는 깨어 있는 자다."

— 칼 구스타프 융

지금 이 시각은 자동적 사고 패턴으로 사라진 여러분의 감각을 되찾는 데 좋은 타이밍이다. 지워진 감각을 되찾으면 불안은 자연스레 줄어들 것이다. 어린 시절부터 가져온 고정된 신념들을 완벽히 제거할 수는 없다. 하지만 무의식적 사고들 사이에 충분한 여유를 만드는 방법을 알게 된다면 자신과 주변 세상을 인식하는 자신만의 생각을 되찾는 데 도움이 될 것이다. 그렇게 되면 고정되어 있던 신념들을 어느 정도 내려놓을 수 있을 것이다.

나의 본성을 확인하는 방법

나의 본성을 확인하기 위해 첫 번째로 해야 할 일은 나의 진짜 모습을 숨기는 가면 같은 페르소나persona에서 벗어나 내가 진심으로 좋아하는 자신의 모습을 생각해 보는 것이다.

오래된 신념으로 모든 것을 해석하는 게 습관이 되어있다면 진짜 나의 모습을 떠올리기는 매우 어렵다. 연습하기가 쉽지 않겠지만, 꼭 필요한 과정이다. 닐 도널드 월시Neale Donald Walsh*는 "인생은 자신의 쾌감이 끝나는 곳에서 시작된다"라고 하였다. 본성을 확인하는 과정을 시작하려 할 때 매우 불편한 감정을 느찔 수 있다. 하지만 자신의 불안이 차츰 덜어지는 경험을 통해 충분한 보상을 받을 것이다.

필자가 환자들에게 진짜 자신의 모습을 생각해 보라고 제안하면, 대부분은 자신에게 집중하는 것 자체가 필요 이상의 관대함을 베푸는 것 같다며 불편하다고 말했다. 필요 이상의 관대함과 동시에 드는 수치감은 종종 스스로 집중할 수 없게끔 만든다.

많은 문화권에서 다른 사람을 위해 자기 자신을 부차적으로 여겨야 한다는 것이 마치 규범처럼 정해져 있다. 나를 개별적인 인간이 아니라 모든 사람의 일부분으로서 생각하기 때문에 이런 반응이 나오는 것이다.

우선 여러분 자신의 긍정적인 부분이 무엇인지 가능한 한 구체적으로 생각해 보라. 왜 그런 부분이 긍정적인지도 설명할 수 있어야 한다. 예를 들어, 자신의 조직적이고 꼼꼼한 성격을 좋아하는가? 다른 사람들이 그 성격을 비웃는다고 하더라도? 혹은 자신에게 즐거움을 주는 특별한 취미나 개인적 관심사를

---

* 닐 도널드 월시Neale Donald Walsh: 다섯 번의 이혼으로 매달 양육비를 보조해 주어야 하는 아홉 명의 자녀를 가진 전직 지역 라디오방송 토크쇼 진행자. 그간 평탄하지 않은 삶을 살아왔다. 건강도 안 좋은 데다 직장에서 해고까지 당한 어느 날, 잠에서 깨어 일어나 자신의 인생을 엉망으로 만든 신을 원망하는 편지를 쓰게 되는데, 놀랍게도 월시는 신에게서 자신의 질문에 대한 답을 듣게 된다. 이후 신의 말을 받아쓰며 각종 책을 출간하였고, 몇몇 책은 베스트셀러가 되기도 하였다―역자 주

좋아하는가? 다른 사람들이 그것을 비하하더라도? 만일 자신의 호불호에 다른 사람들이 반대한다면 당신도 그것에 동의하겠는가?

여러분은 유머 감각이 좋은가? 혹은 자신만의 개성이 맘에 드는가? 여러분의 신체 만족도는 어느 정도인가? 자신의 외모가 마음에 들지만 허세 있어 보일까 봐 드러내는 것이 부끄러운가? 이런 생각들은 여러분의 장점들을 자기 것으로 받아들이지 못하게 한다.

우리는 종종 겸손하지 않거나 자기 비하를 하지 않으면 비난받을 것이라고 걱정하고는 한다. 자기 자신에 대해 자부심을 느끼는 것은 허영심이나 자만심과 다르다. 물론 여러분은 자신이 남들과 똑같다고 배우며 자랐을지도 모른다. 하지만 자신이 가진 아름다움과 능력을 인정하는 게 두렵게만 느껴진다면, 여러분의 자존감은 손상을 입을 수도 있다. 과도하게 겸손하고 소박해야 할 필요가 있는가? 이런 태도가 마치 '안전 지역'처럼 느껴지더라도 한번은 이 지역에서 벗어나는 모험을 추천한다. 하루에 한 번씩 아래의 연습 과제를 해보라. 다른 사람이 여러분에 대해 말하는 것이 아닌 여러분 자신이 생각하는 것에 비추어 답을 작성하라.

개인적인 장점을 목록으로 만드는 것은 자존감을 높이는 중요한 요소이다. 이러한 작업을 통해 우리는 자신에게 부여된 의

마음에 드는 세 가지 장점 쓰기

매일 아침, 내가 좋아하는 나의 모습과 그 이유를 써라.

예시

- 내가 좋아하는 모습: 나는 나의 심술궂은 유머 감각을 좋아한다.
- 이유: 왜냐하면 나 자신을 웃게 만들고, 삶을 너무 진지하게 받아들이지 않게 하며, 때로는 다른 사람을 기운 나게 만들기 때문이다.

- 내가 좋아하는 모습:

- 이유:

- 내가 좋아하는 모습:

- 이유:

- 내가 좋아하는 모습:

- 이유:

미를 다시금 느낄 수 있다. 자신의 능력과 인간적인 가치에 근간을 두고 나 자신을 새롭게 인정하기 시작한다면 여러분은 자신을 더 잘 알고 더욱 존중하게 될 것이다. 여러분은 그동안 해왔던 사고방식대로 사는 데 집중한 나머지 자신의 장점에 대해 생각해 볼 시간을 갖지 못했을 것이다. 다른 사람들의 눈에 평가되는 삶을 살아가면 자신과 자신이 가진 것들에 스스로 가치를 매길 겨를이 없어진다. 남들에게 평가받은 것을 당연하다 여기며 사는지 모른다. 이제는 자신의 능력과 가치에 감사해야 할 때이다.

앞의 연습 과제를 최대한 구체적이고 정확하게 써라. 만약 자신의 강점이 잘 떠오르지 않아 위기 상황에서 빠르게 대처할 수 있다는 것을 겨우 꺼냈다고 하자. 스스로 장점으로 받아들여지지 않는 것을 간신히 찾아낸 것이면 이것은 제대로 된 장점이 아니다.

자신이 당연히 갖고 있어야 할 모습이라고 생각했던 것이기 때문이다. 강점의 예로 인간관계나 업무적인 면에서 매우 책임감 있고 신뢰를 줄 수 있다는 장점이나 다른 사람의 감정을 잘 알아차리고 공감 능력이 뛰어나다는 장점을 들 수 있다.

한편 글을 잘 쓰는 재능이 있지만 수줍음이 많아 다른 사람에게 써놓은 것을 보여 준 적이 없어 이런 재능을 인정하지 않을수도 있다. 또는 말을 조리 있게 잘하거나 창의적인 능력을 갖추고 있는데 미처 입 밖으로 꺼내지 못했을 수도 있다. 아니면 업무 등에 바빠서 아직 사용하지 않은 특별한 기술을 갖고 있을 수도 있다. 여러분은 자신이 떠올린 그 강점을 다른 사람과 비교해 본 적이 없어 강점이 아니라고 생각했을 것이다. 우리 모두에게는 각자 좋은 능력이 있다. 자신의 재능을 살린 수많은 사람을 보라. 훌륭한 작가, 재능 있는 음악가와 회계사 등 수많은 사람이 여러분과 비슷한 강점을 완벽히 해냈다. 그러니 비교하는 마음을 내려놓고 그들처럼 자신의 강점을 찾는 데 집중하라.

작년 혹은 지난주 여러분이 자신의 능력이나 기술을 활용했을 때를 떠올려 보라. 어떤 것이든 상관없다. 큰 성취일 필요도 없다. 항상 큰 성취를 기대하는 것은 비현실적이다. 성취 목표가 크면 클수록 실망하기 쉽다. 목표가 다소 사소해 보이더라도 훌륭히 해냈다면 그것 또한 얼마나 멋진 일인가. 사소한 것들, 즉 자녀의 숙제를 돕거나 힘들어하는 친구나 동료를 지지해주는 것들은 분명 당사자들에게 큰 도움이 되었을 것이다. 성취한다는 것은 나 자신을 기분 좋게 만들어준다. 이 연습 과제를 빠지지 않고 매일 할 수 있도록 노력하라. 그리고 차츰 자신에게 어떤 일이 일어나는지 지켜보아라.

세 가지 강점 쓰기

내가 가진 기술이나 능력 혹은 재능 세 가지와 그것들에 대한
긍정적인 이유를 적어보아라.

예시

- 나의 강점은: 다른 사람의 말에 주의 깊게 귀 기울이고, 공감과 연민을 전하는
  것이다.
- 그 이유는: 다른 사람의 이야기에 귀 기울이고, 친절을 베풀 때, 그들은 나를 믿
  어 주고, 내가 자신을 절대 판단하지 않을 것을 안다. 그 점이 나를 기분 좋게 만
  든다. 앞으로도 사람들을 기꺼이 도울 것이며, 그 과정은 나 역시 다른 사람에
  게 얻고자 하는 마음이 무엇인지 깨달을 수 있게 도와줄 것이다.

- 나의 강점은:

- 그 이유는:

- 나의 강점은:

- 그 이유는:

- 나의 강점은:

- 그 이유는:

자신의 독립성을 확인하고 점진적으로 이를 스스로 인정하는 것은 자기 개념을 공고히 해주는 핵심 요소이다. 이를 위해 '좋음'이나 '나쁨', 그리고 '맞음'이나 '틀림'과 같은 이분법적 사고방식을 배제하자. 그리고 다른 사람이 나에게 바라는 대로 사는 것이 아니라 나 자신이 하나의 개별적인 존재임을 받아들이자. 매일 장점과 강점을 확인하는 앞의 연습 과제를 통해 자신의 개성을 인정하면 여러분은 진정한 '나'가 되어 간다는 것을 느낄 수 있다. 또한, 놀라우리만치 그간 겪었던 불안이 완화될 것이다. 사람들과의 '분리'가 그들의 무관심이나 고립을 의미하는 것이 아님을 이해하는 것이 중요하다. 분리하는 과정을 통해 우리는 자율성을 확보하고 타인과의 관계를 건강하게 형성할 수 있다. 모든 사람과 여러분을 구별할 수 있는 그 간격 혹은 경계가 실존주의자들이 말하는 대인 관계에서 자기를 찾기 위한 인간의 기본적인 속성 중 하나이다. 이런 간격을 유지하려 노력하지 않는다면, 그 사이의 공간이 손상되면서 여러분과 타인의 구별이 어려워지고 다시 여러분 자신을 잃기 시작할 것이다.

필자의 삶 대부분은 타인에게 수동적이고 의존적이었는데, 특히 가족과 함께 있을 때 더욱 그러했다. 자기 개념이 전혀 형성되어 있지 않아서 그런지 항상 불안해했다. 하지만 자율성을 강화하고 나 개인의 경계를 설정하는 연습을 시작하자 불안은 눈에 띄게 줄어들었다. 그러고는 삶의 모든 부분이 서서히 변화하였다. 그제야 경계를 유지한다고 해서 사람들이 나를 거절하지 않는다는 사실을 깨달았다. 분리된 존재로서의 나의 가치를 인정하자 동시에 자존감도 높아졌다.

우리는 나와 다른 사람을 분리하고 자신의 정체성을 유지하면서 나만의 힘을 얻게 된다. 그 힘은 타인과 지적으로 차별된 상태를 유지하는 능력에 달려 있다. '나만의 힘'은 주변 사람이나 상황에 의해 혼란이 오더라도 무너지지 않고 해결해나가는 능력을 발휘시킨다. 또한, 중심을 잡고 주변의 많은 유혹을 뿌리칠 수 있게 한다. 이때 상당한 인내가 요구되는데, 주변 사람들의 기대로 만들어진 선택을 피해 나간다는 것은 생각보다 간단하지 않다. 신경이 쓰이는 만큼 큰 용기가 필요하다.

개인의 경계를 설정한다는 것은 특히 가족 간의 관계에 있어서 위협적인 변화로 느껴질 것이다. 가족에게 인정받지 못한다거나 버림받는다는 공포가 일어날 수 있기 때문이다. 예를 들어, 과거에 가족들이 동의하지 않았던 의견을 내세웠다가 갈등을 겪은 적이 있었다면 현재에도 갈등을 피하고자 반사적으로 수동적인 태도를 보일지도 모른다. 진정한 자기 자신으로서 힘을 발휘하기 위해서는 사람들과 의사소통을 할 때 어떤 태도를 보여야 하는지 알아야 한다. 대인 관계에서 경계를 만들려는 시도는 사람들에게 무관심하거나 냉정한 모습으로 비칠 수도 있다는 점을 기억하라. 따라서 자신의 새로운 태도를 상대방이 편하게 받아들일 수 있도록 친절하고 위협적이지 않은 방법으로 보여줘야 한다.

자주성이 있는 개인으로 보이는 가장 좋은 방법은 과감하지만 현대적이고, 친근하면서도 예의 바른 의사소통 방식을 사용하는 것이다. 적극적인 의사소통 방식이야말로 여러분을 단순한 사람이 아닌 매우 다양한 면을 가진 복잡한 존재라는 것을 의미한다. 먼저 이야기를 듣고 구체적으로 적극적인 의사소통이 무엇인지, 공격적이거나 수동적인 의사소통과는 어떻게 다른지 논의해 보도록 하자.

티나의 이야기

티나는 대기업 임원 비서로 일하는 여성이다. 그녀는 나에게 업무에서 오는 불안감을 호소했다. 오랫동안 얘기를 나누며 나는 그녀의 스트레스가 그녀 자신의 의견을 주장하지 못하는 데에서 생겼다는 것을 알 수 있었다. 그녀는 동료들과의 업무에서 수동적인 태도를 유지하면 해고당하지 않을 것이라 믿었다. 이 때문에 몇몇 동료들이 종종 자신을 이용하고, 자신이 받는 돈보다 많은 일을 하도록 강요한다고 털어놓았다. 하지만 이런 상황들이 불공평하다는 것을 알아도 어떻게 대처해야 할지 도무지 생각나지 않았다고 한다.

티나는 모두가 자신을 좋아하고 항상 '세상에서 가장 착한 사람'

이라고 평가했다고 말했다. 수년 동안 그녀는 수동적인 자세를 유지하며 거절을 해본 적이 거의 없을 정도로 얼떨결에 건네받은 일에도 최선을 다했다. 그러나 어떤 일에도 성취감을 느낄 수 없었다. 그 때문에 종종 자신이 진정으로 원하는 것을 얻지 못했다는 생각을 하게 되었다. 그녀는 임원 비서 이상의 것에도 도전해보고 싶었지만, 자신의 의견을 어떻게 주장해야 하는지 몰랐다. 티나는 항상 자신이 무언가 곤경에 빠질까 두려웠고, 자신을 가치 있는 사람이라고 생각하지 않았다. 나는 그녀에게 매일 아침 그녀 자신에 대해 좋아하는 점 혹은 자신의 강점들에 대해 생각해 보라고 주문했다. 또한, 수동적이고 거절하지 못하는 태도가 아닌, 자기 생각과 욕구를 다른 사람에게 솔직하게 표현할 수 있도록 격려하였다.

티나는 서서히 변화하기 시작했다. 다른 사람들의 요구에도 잘 대응하기 시작했고, 비로소 그녀 자신이 온전히 그녀의 것이 된 것처럼 보였다. 나와 함께 한 훈련은 티나가 확인한 티나 자신의 장점과 강점을 기반으로 자신을 믿어 볼 수 있게 만들었다. 자신만의 장점 목록을 가졌다는 것이 티나 삶의 터닝포인트가 되었다. 훈련에 돌입하고 몇 달이 지나자, 그녀의 불안은 확연히 줄어들었고, 그녀는 직업 목표와 좀 더 가까운 새로운 직장을 찾아보았다. 이제 티나는 목적을 가지며 인생을 살아갈 것이다. 또한, 타인이 아닌 자신에게 의지할 수 있게 되었다. 마침내 사람들이 원하는 티나가 아닌, 진짜 티나로 세상에 서게 된 것이다.

개인의 의사소통 방식은 상대방의 반응에 영향을 미친다. 여기서는 여러분이 어떤 방식을 사용해왔는지 인식하고, 좀 더 효과적인 것을 선택하도록 도울 것이다. 먼저 몇 가지 일반적인 소통 방식을 소개하겠다.

공격적인 소통

공격적인 소통 방식은 나와 나의 감정, 그리고 나의 신념을 보호하고 있다고 느끼게끔 한다. 또한, 개별적인 존재로서 나 자신이 타인과 경계선을 긋고 있다고 생각할 수도 있다. 하지만 소통에 있어서 예의를 지키고 정중하게 자신의 의견을 전달하는 것이 중요하다. 여러분의 의견이 부정적인 의미로만 받아들여져 사람들의 관심을 흩어 버리면, 여러분이 얻으려고 했던 성과나 만들고자 했던 경계는 이해되지 못할뿐더러 심지어 사람들은 불편해하며 들으려고도 하지 않을 것이다.

이렇듯 공격적인 소통은 대개 잘 전달되지 않고, 다른 사람들이 방어적인 태도를 보이게 한다. 사람들을 여러분에게 집중하게 할 수는 있겠지만, 사람들 대다수는 불편한 마음이 들어 든는 것을 거부하고, 여러분의 말을 객관적으로 들어줄 마음의 준비를 하지 못한다. 공격적인 소통 방식은 든는 상대방을 직접 공격하는 듯한 느낌을 준다. 큰소리를 내거나 무언가를 요구하는 듯하며 모욕하고 비난하는 방법으로 상대방을 제압하려 하기 때문이다. 즉, 사람들을 겁먹게 만든다. 적대적인 몸짓이나 표정으로 겁을 주려는 전략은 자신만의 경계를 건강한 방식으로 만들지 못하게 한다.

결과적으로 공격적인 소통은 효과적인 방법이 아니다. 오히려 사람들을 멀리하게 만들 수 있다. 또한, 깊은 신뢰 관계에 방해가 된다. 다른 사람들이 나를 두려워하게 만들고, 내가 마치 그들을 이용하려는 의도를 품은 것처럼 보이게 한다. 적대적인 느낌과 분쟁의 여지만 만들게 된다. 또한, 다른 사람에게 자신의 문제에 대한 부담감을 주고, 자신을 스스로 책임지지 않으려 하게 한다. 이처럼 공격적인 소통 방식은 존중을 기반으로 하지 않기에 건강한 방식이 아니라는 점을 기억하기 바란다.

수동적인 소통

공격적 소통과는 반대로, 수동적 소통은 완벽하게 일을 처리하고, 불화를 일으키지 않으려고 노력하기 위해 나의 사고와 감정을 숨기는 방식을 말한다. 수동적 소통은 공격적 소통을 사용할 때와 마찬가지로 건강한 대인 관계를 만들지 못한다. 대개 상대방의 부정적인 반응을 피하려고 수동적인 소통 방식을 쓰기 때문에 이때 사람들은 진심을 표현하지 않는다. 그래서 다른 사람을 속이거나 상대방의 반응에 따라 지나친 죄책감을 느끼는 경향이 있다. 어떤 의미에서 자기 생각이나 느낌에 대해 진실하지 않아 나의 권리를 스스로 침해하는 셈이다. 게다가 대인 관계에서는 나만의 개별성을 스스로 박탈할 뿐만 아니라 다른 사람이 나의 진짜 생각을 아는 기회도 빼앗기게 한다.

그 때문에 수동적인 소통 방식을 사용하면 원하는 것을 얻을 기회는 공격적인 소통보다 더 적어진다. 수동적 소통은 타인으로부터 여러분 자신을 분리하는 자기 개념을 형성하는 것에 방해가 된다. 눈에 보이는 경계선을 세우는 것이 두려워서이다. 이런 억제된 소통 방식은 수줍음과 같은 성격적인 영향 때문만은 아니다. 오히려 사람들의 눈에 띄거나 특별해 보이는 것에 대한 반감으로 이를 두려워하는 데서 오는 것이 대부분이다. 하지만 자신만의 특별함을 받아들이는 것이 장기적으로 진정한 나를 확인하여 불안을 줄이는 토대가 된다. 여러분을 다른 사람이 원하는 방식대로 살아가게 하지 않고, 여러분 자신의 삶을 살도록 하는 것이다.

수동적인 소통은 나를 다른 사람이 지시하거나 기대하는 현실에서 살도록 강요한다. 여러분 자신을 돌이켜 보면 그런 현실을 사는 걸 원하지 않을 수 있겠지만, 자신이 진정으로 느끼는 것을 표현하기보다는 다른 사람이 만든 현실에 동조했다는 사실을 알 수 있을 것이다. 타인에 의해 형성된 현실에서는 명확한 소통을 하지 않아서 발생한 문제나 갈등에 대한 책임을 전적으로 나에게 전가한다. 나의 죄책감을 키워서 다른 사람에게는 책임으로부터 자유롭게 해주는 경향이 있다.

적극적인 소통

적극적인 소통은 정직하고 진실하며 정당한 방식으로 자기 생각을 표현하는 방법이다. 공격적, 수동적 소통과 같이 이 소통 또한 내가 원하는 것을 모두 얻는다는 보장은 없다. 하지만 여러분이 할 수 있는 최선의 방식임은 분명하다. 적극적인 소통 방식은 여러분이 어떻게 느끼고 생각하는지를 말로써 잘 표현하게 해준다. 이것이야말로 그간 논의해왔던 개별성에 근거한 '나는 나이다'의 토대가 된다. 즉, '우리는 하나가 아니기에 서로 같은 의견을 가질 수 없다'라는 것을 전제로 한다. 모든 사람은 각자 개성을 가지고 있고, 그 개성을 존중받아야 한다. 이는 당연한 욕구이자 권리이다.

적극적인 소통 방식은 어떤 상황에서도 나의 자기 개념을 확립할 수 있다. 이는 자기 확신으로 이어져 나의 자존감을 높여준다.

나의 사고나 감정을 숨기거나 부적절하게 표현하지 않아도 자연스럽게 타인과의 경계선을 세울 수 있는 바람직한 방식이다. 직접적인 소통이라서 권력이나 속임수를 사용하거나 환경에 대한 통제를 시도하지 않는다. 또한, 목소리를 높여 가며 협박하는 듯한 제스처를 취하지 않아도 된다. 그저 사려 깊게 상대방을 배려하며 이야기를 이어 간다. 즉, 무엇을 얻느냐에 초점이 맞추어진 '성과 중심'이 아니라 자신의 주장을 내세우는 '과정 중심'의 소통 방식이다. 또한, 다른 사람의 기대를 충족하기 위해 노력하는 것이 아닌 그들과 어떻게 지내야 하는지에 초점이 맞추어져 있다.

적극적인 소통 방식에서는 감정과 사고 및 행동에 대한 모든 책임이 자신에게 있다는 '나'로 시작하는 문장을 사용한다. '나'로 시작하는 문장은 다른 사람을 비난하거나 손가락질하는 의도가 제거된 중립적인 태도를 보인다. 또한, 구체적이다. 사람들에 대한 비현실적인 기대와 세상을 보는 비현실적인 신념이 반영된 '항상', '절대로', '~해야 한다(해서는 안 된다)', '영원히'와 같은 당위적인 단어를 사용하지 않는다.

여러분이 현재 상대방과 언쟁 중이라고 가정해 보자. 상대방이 여러분의 말을 제대로 듣고 있지 않은 것 같다면, 여러분은 어떤 기분이 들겠는가? 아마도 절망감을 느끼며 다음과 같이 말하지 않을까?

"당신은 절대로 내가 하는 말을 듣지 않아. 당신은 항상 나를 존중하지 않아."

마찬가지로 여러분이 상대방에게 당위적인 단어를 사용하여 이야기한다면, 상대방을 화나게 만드는 꼴이다. 이러한 소통 방식은 서로 간의 자율성이 확립되지 않고 오히려 서로를 더욱 답

답하게 느끼게 한다. 또한, 당위적인 문장은 상대방에게서 느끼는 모든 감정의 책임을 상대방에게 전가한다. 이때 필요한 게 적극적인 소통 방식으로 알려진 '나 전달법'을 사용하는 것이다. 이 방법으로 당위적인 문장을 사용하는 파트너에게 다음과 같이 말할 수 있다.

"당신이 내 말을 제대로 듣고 있지 않은 것 같아 마음이 아파. 내 말에 좀 더 주의를 기울여 주었으면 좋겠어."

이러한 소통은 나의 말에 제대로 귀 기울였으면 하는 바람을 건강한 방식으로 표현하게 한다. 적극적인 소통 방식은 다음의 세 가지 부분을 포함한다.

* **내가 느끼는 것**: 여러 상황에서 내가 어떻게 느끼는가를 구체적으로 확인하는 것을 말한다. 이 과정에서는 사람들의 말이나 행동이 나에게 어떠한 부정적인 영향을 끼치는지 알 수 있다. 또한, 주관적인 경험을 표현할 때 그것을 정중한 방식으로 전달함으로써 분쟁을 줄인다. 사람들에게 자신의 존재를 확인할 수 있는 중요한 단계이다. 오직 나만이 할 수 있는 부분이기도 하다.

* **내가 받아들인 상황**: 객관적으로 나에게 일어나는 현상을 확인하는 과정이다. 이를 통해 자신이 겪는 고통의 원인을 다른 사람에게 전가하지 않고 스스로 그 책임을 지도록 돕는다. 사람들의 행동이 나의 감정에 어떠한 영향을 미쳤는지에 초점이 맞추

어져 있다. 이런 방식의 소통은 부정적인 감정을 배제하여 듣는 상대방에게 개인적인 공격이라는 인상을 주지 않는다. 여러분은 그저 사람들의 말이나 행동이 개인적으로 어떻게 느껴지는지를 사람들과 공유하면 된다.

❋ **내가 원하는 것**: 자신을 존중하기 위해 자율성을 가지고 내가 원하는 것을 확인하는 과정이다. 원하는 것을 얻는다는 의미가 아니라, 원하는 것을 더욱 효과적으로 전달하는 것을 의미한다. 예를 들어, '~를 더 선호한다' 혹은 '그렇게 되면 고마울 것 같다'와 같은 표현을 사용하여 '당신은 나에게 좀 더 귀 기울여야 해' 같은 당위적인 문장을 사용하는 습관에 빠지지 않도록 돕는다.

예시

1단계 **내가 느끼는 것**: 나는 상처 받았다.
2단계 **내가 받아들인 상황**: 당신이 내 말에 진심으로 귀 기울이지 않았다.
3단계 **내가 원하는 것**: 당신이 내 말에 좀 더 귀 기울였으면 좋겠다.

각각의 소통 방식에서 적극적인 소통이 최선인지를 이해하기 위해 대인 관계에서 불안을 일으키는 일반적인 문제로 세 가지 소통 방식을 다루어 보겠다. 여러분의 아버지가 여러분이 선택했던 것들을 지속해서 비난해 왔다고 가정하자. 많은 친척이 함께 모인 어느 명절날, 아버지가 그동안 운영해 온 가업을 잇지 않고 여러분이 원하는 직업을 선택한다고 해서 실망했다며 여러분을 계속 비난하는 상황을 떠올려 보라. 여기 여러분이 선택할 수 있는 세 가지 소통 방식이 있다.

＊ **공격적인 소통**: "아버지는 너무 이기적이에요! 아버지는 자신만 생각하네요. 왜 항상 내가 선택한 직업으로 아버지의 불평을 듣느라 매번 저녁 시간을 망쳐야 하나요? 나한테 관심도 없었으면서 왜 인제 와서 관심 있는 척하는 거예요? 제발 작작 좀 해요." 감정이 가득한 이런 소통 방식은 저녁 식사를 더 망친다. 아버지는 여러분의 반응에 기분이 상해 방어적인 태도를 보일 것이며, 아버지와 여러분 사이에 흐르는 긴장감을 주변 사람 모두 견뎌야 한다. 여러분이 쏟아 낸 생각에 대해 아버지가 사과하지 않을 거란 걸 알게 되면 분노는 더욱 커질 것이다.

＊ **수동적인 소통**: 어떤 대꾸도 하지 않은 채 감정을 누르는 방식이다. 화가 치밀어 오르지만, 그것을 표현하기는 두렵기 때문이다. 그저 가만히 앉아서 모욕을 당하고도 어떤 식으로든 표현하지 않고 견디는 상황이다. 이 경우, 아버지에게 더욱 위축되어 머리를 푹 숙인 채 많은 친척 앞에서 수치심을 느끼고 말 것이다. 저녁 내내 침묵을 지키며 아버지가 말하는 고통에 대해 죄

책감을 느끼다가, 어쩌면 참을 수 없을 만큼 숨 막히는 분노를 느껴 갑자기 테이블을 박차고 나가버릴 수도 있다.

✽ **적극적인 소통:** "나는 아버지가 다시 그 얘기를 꺼내는 게(내가 받아들인 상황) 매우 불편합니다(내가 느끼는 것). 내가 꿈을 좇느라 가업을 잇지 않았다는 것으로 아버지가 화가 나신 것은 이해해요. 시간이 흐른 뒤에 이 문제에 대해 의논할 기회가 있겠지만 지금은 아니었으면 좋겠어요. 그러니 이제 다른 이야기를 해요(내가 원하는 것)."

기억하라, 적극적인 소통 방식은 사람들을 변화시키거나 내가 원하는 결과를 얻기 위한 목적이 아니다. 바람직한 소통을 통해 자신이 원하는 성과를 얻으면 운이 좋은 것이다. 사실, 이 소통 방식은 여러분 자신을 변화시키기 위한 것에 가깝다. 여러분을 진정한 인간으로 발전시키고 자존감을 높여주며 개별적인 존재로서 여러분의 존엄성을 키운다. 하루하루 삶에서 자신감을 가지고 자신의 주장을 말하는 것에 익숙해진다면 불안 또한 감소할 것이다.

콜린의 이야기

콜린이라는 남성이 나에게 불안으로 몇 개월간 치료를 받은 적이 있다. 콜린은 친절하고 악의 없는 사람이었지만, 유독 다른 사람과의 관계에서 공격적인 모습을 보였다. 앞서 설명한 훈련을 함께하면서 콜린은 자신이 그간 매우 낮은 자존감과 다른 사람에게 약해 보일까 봐 호의적으로 그들을 대하지 않았다는 것을 알게 되었다. 그에게 있어 수동적이거나 예의 바른 사람들은 존중받지 못하는 것처럼 보였다. 또한, 세상에서 살아남으려면 누군가는 상대적으로 가혹해질 필요가 있다고 생각했다. 그 때문에 콜린은 자신의 두려움을 과잉보호하고 자신의 힘과 자신감을 과시하기 위해 공격적인 소통 방식을 택했다.

처음 콜린을 만났을 당시, 그는 이러지도 저러지도 못하는 교착 상태였다. 그는 태도를 부드럽게 하면 사람들이 자신을 무시할 것 같았고, 항상 경계를 세운 채 공격적인 태도로 사는 것에는 두려움을 느꼈다. 결국, 콜린은 더는 진실을 외면할 수 없었다. 그의 공격적인 소통 방식은 다른 사람에게 오해를 부르고, 그들을 두렵게 할 뿐이었다.

콜린은 자신이 사람들에게 잘못된 방식으로 존중을 강요해서 사람들이 더욱 자신을 존중하지 않는다는 사실을 깨달았다. 마침내 그는 적극적인 소통이 열등한 것이 아니라 따뜻하고 예의를 갖춘 소통 방식임을 알게 되었다. 콜린은 이제 더는 화를 내거나 감정적으로 될 필요가 없었다. 이러한 사실은 자신을 더욱 강하고 중요한 사람이라고 여기게 해주었다. 또한, 길게 보았을 때 진짜 자기 모습이 되는 것을 두려워할 이유가 없다는 사실을 받아들이게 하였다. 이런 과정을 통해 점차 그의 불안은 사라져 갔다. 사람들은 당장 그에게 좋다거나 싫다는 느낌을 갖지 않았다. 하지만 공격적인 소통보다 '나 전달법'을 사용함으로써 사람들이 그를 좋아할 기회를 많이 얻게 되었다.

핵심 가치를 재발견하라

자기 개념을 견고히 하는 또 다른 중요 요소는 여러분 개인의 핵심적 가치들에 접근하고, 계속해서 그 가치들과 연결된 상태를 유지하는 것이다. 자각하지 못하고 있을 수 있지만, 여러분은 자신의 존재 가치를 이끄는 핵심적인 가치를 가지고 있다. 이 가치들은 인생 전체의 기반을 지지하는 기둥이자 일상생활을 이끄는 힘이다. 또한, 여러분이 개별적인 존재로서 누구인지를 나타낸다. 핵심 가치가 삶의 의미와 목적을 가져다주기 때문이다.

핵심 가치는 부모의 가치가 아니다. 이전 장에서 언급했던 대로 나 스스로 독립적으로 만들어왔던 고유한 개인적인 것이어야 한다. 나와 가족의 가치 사이에는 큰 차이가 있을 수 있다. 자신이 핵심 가치로 알고 있었던 것이 진정 자신의 것인지 점검하라. 자신이 원하는 것과 부합하는지 자문하는 것은 스스로 해야 할 일이다. 수년에 걸쳐 여러분의 핵심 가치가 차츰 다른 것에 의해 밀려나 있을 수도 있다. 특히 인생에서 피할 수 없는 어려움에 부닥친다거나 과도한 걱정으로 생긴 우울함에 빠져 있을 때 더욱 그러기 쉽다.

핵심 가치를 내려놓으면 삶의 방향 감각을 잃어버린다. 그리고 자존감이 곤두박질칠 수 있다. 방향과 목적 없이는 내가 누구인지조차 잊고 말 것이다. 핵심 가치를 재조정하는 것은 나의 에너지를 어디에 쓸지, 어떤 것에 집중할지에 대한 통찰력을 준다. 핵심 가치를 재발견하고 여러분이 할 수 있는 한 최선을 다해 이것에 기반한 의식적인 결정을 해보라. 분명 여러분은 점차 인생의 변화를 느끼게 될 것이다. 그리고 향후 여러분 자신과 조화를 이루며 살 수 있으므로 긍정적인 정서 상태 유지가 가능하다.

다음은 여러분이 핵심 가치를 다시 연결할 수 있도록 돕는 연습이다. 필자가 이 연습을 환자들과 함께 시도할수록 많은 환자가 이전의 장점과 강점 연습 과제처럼 자신에게 집중해야 하므로 불편감을 느낀다고 말했다. 기억하라, 자존감을 높이기 위해서는 자신이 다른 사람과 분리된 개별적인 존재임을 확인하고 인정해야 한다. 한 인간으로서 나의 개성과 가치에 감사할 줄 안다면, 다양한 자신의 모습에도 감사할 수 있을 것이다.

핵심 가치를 재발견하기

아래의 내용은 나만의 고유 핵심 가치를 확인하는 '인생의 가치' 목록이다.
가능한 한 구체적으로 써라. 외부적인 조건은
은퇴 계획, 부동산, 차, 기타 금전적 가치 등이어서는 안된다.

다음의 목록을 가이드 라인으로 사용하되, 나만의 것도 추가하여 활용하라.

- 가족에 대한 헌신
- 내가 속한 공동체에 대한 의무
- 영성
- 영양 상태
- 도덕성
- 자존심
- 자립심

- 배우자 혹은 파트너에 대한 헌신
- 신에 대한 믿음
- 건강
- 신체 운동
- 사회적 책임감
- 정직함
- 유머 감각

자신만의 가치 목록을 정리했다면, 이런 가치들을 추구하기 위해 여러분이 할 수 있는 행동을 떠올려 보라. 예를 들어, 여러분이 확인한 핵심 가치 중 하나가 도덕성이라면, 그 가치와 맞는 행동을 하기 위해 자신의 과오를 반성하고, 누군가의 피해에 대해 변상해 줄 수도 있다. 혹은 가족에게 전화해서 적극적인 소통 방식으로 그동안 해결되지 않았던 문제에 대해 새롭게 대화를 시작할 수도 있다. 이처럼 여러분은 한동안 생각하지 않았지만 계속 자신을 괴롭혔거나 해결되지 않아 불편한 마음이 들었던 일을 주로 선택할 것이다. 다음의 연습 과제를 통해, 여러분의 핵심 가치를 기록하고 현재 여러분이 할 수 있는 것들이 무엇인지 목록으로 만들어 보라.

핵심 가치 1 **영적인 또는 종교적인 믿음**

1. 매일 아침 일하러 가기 전 15분에서 20분 동안 명상을 할 것이다.

2. 일주일에 한 번 예배에 참석하고, 그곳에 있는 동안 최소 한두 명의 새로운 사람과 종교적인 대화를 할 것이다.

3. 야외에서 30분 동안 걸으며 명상을 할 것이다.

연습 과제

핵심 가치와 활동 계획하기

노트나 컴퓨터에 하루에 한 번씩 계획하거나 약속한 활동들을 적어라.

• 핵심 가치 #1 **내가 오늘 계획한 활동**

1.

2.

3.

• 핵심 가치 #2 **내가 오늘 계획한 활동**

1.

2.

3.

한 달 동안 매일 하루도 빠지지 않고 이 연습을 한다면, 여러분은 자신에 대한 사고는 물론, 세상에서 여러분의 위치가 바뀌거나 조금씩 움직인다는 것을 깨닫게 될 것이다.

Chapter 9

감사하는
마음 갖기

"가장 훌륭한 지혜는 삶의 최고의 목표로서
현실을 즐길 수 있는 것이다.
이런 삶이 바로 현실을 사는 것이며, 자기 생각을 중시하는 것이다."

– 아르투르 쇼펜하우어

심각한 상황을 수용한다는 개념은 전적으로 개인의 마음 상태에서 비롯된다. 심각한 상황은 개인이 느끼는 판단 기준에 따라 다르며, 그런 상황을 수용한다는 것은 다양한 경우에서 보편적으로 쓰이는 지혜로운 대응 기술을 가졌다는 의미이다. 심각한 상황을 수용하는 것은 우리가 추구해야 할 최종 목적지가 아니다. 삶은 우리에게 안기는 상황 등에 대해서 유연하게 대처하고, 다양한 상황을 받아들일 수 있도록 마음을 훈련하는 과정이다. 심각한 상황수용은 이전 장에서 논의했던 네 가지 개념과 관계가 깊다. 즉, 합의 현실에 이의 제기하기, 이분법적 사고에 대한 균형 잡기, 통제 착각에서 벗어나기, 자신에게 책임감을 느끼기 등의 개념과 그에 따른 여러 상황을 포함한다.

불안을 일으키는 생각을 내려놓아라

여러분은 심각한 상황수용 훈련을 통해 그동안 필요하다고 믿어왔던 부정적인 신념 체계에서 조금씩 빠져나올 수 있다. 그리되면 이후 새롭게 사고하는 방식을 확립하여 그에 따라 지혜롭게 대처하게 된다. 심각한 상황을 수용할 수 있다는 것은 자신의 내부를 깊이 들여다보고 그간 정의라고 믿어 온 모든 것에 반대되는 모든 상황을 수용한다는 것을 의미한다.

필자가 이 작업을 시작할 당시 가장 힘들었던 것 중 하나는 '내가 항상 모든 사람을 만족시킬 수 없다'라는 사실을 받아들여야 할 때였다. 당시에는 '모든 사람'과 '항상'이 나를 고통스럽게 움켜잡고 이성을 잃게 만드는 비합리적인 단어라는 사실을 알지 못했다. 그 때문에 모든 사람을 만족시키지 못하는 무능함에 처음으로 불안을 느꼈던 것 같다. 심각한 상황수용을 통해, 나는 점점 그것이 불가능하다는 것을 받아들이며 씁쓸함을 느꼈다. 그전에는 나는 때때로 누군가가 나를 좋아하지 않는다는 사실에 실망했었다.

하지만 당연히 그럴 수 있다는 것을 받아들이자 불안감이 훨씬 나아졌다. 이에 대한 부담이 사라졌기 때문이다.

심각한 상황을 수용하는 것은 두려운 일이다. 익숙한 것에 대한 극단적이고 갑작스러운 변화는 위협적으로 느껴지기 마련이다. 이런 잠정적인 위험성에도 불구하고, 에르하르트 톨레는 다음과 같이 이야기하였다.

"받아들일 수 없는 것을 받아들이는 것은 이 세상의 은총을 이루는 가장 커다란 원천이다."

지금 당장 여러분이 받아들일 수 없는 상황을 받아들이는 것이 쉬운 일이 아니라는 걸 잘 안다. 하지만 더욱 다양한 상황을 받아들일수록, 여러분은 더욱 편안해질 것이다. 또한, 그것 자체로도 불안을 감소시키는 훌륭한 방법이다.

무엇을 받아들여야 하는가?

심각한 상황의 수용은 무관심이나 냉대, 그리고 맹목적인 체념과는 다르다. 개인적인 의무를 회피하거나 포기하는 것도 아니다. 과거에 여러분을 힘들게 했던 불행한 사정을 무조건 좋은 것으로 받아들여야 한다는 것도 의미하지 않는다. 임의대로 범죄자를 용서하고, 그들의 죄를 사면해야 한다는 것도 더더욱 아니다. 이 모든 행위는 여러분에게 긍정적으로 작용하지도 않으며, 나 역시 장려하지 않는다.

심각한 상황을 수용하는 것은 삶의 긍정적 측면에 초점을 둔다. 여러분이 받아들이기 어려운 현실과 싸우는 것을 멈추게 하고, 현실을 효과적으로 다룰 수 있도록 돕는 대응 방식이다. 결코, 바꿀 수 없는 현실을 인정하고 받아들인다면, 여러분은 불안을 느끼지 않고도 세상에 대해 대응 정도를 조절하는 데 더 많은 에너지를 쓸 수 있다. 이러한 수용이 가능해졌을 때, 여러분은 다음의 예를 경험하게 될 것이다.

나는 판단하지 않고 있는 그대로 받아들일 수 있다

어떤 일이 일어나든 인생은 계속된다. 여러분이 수용할 수 없다고 여기는 상황을 수용할 때, 인내심은 늘어나고 여러분 주위에서 일어나는 많은 일에 관대해질 수 있다. 이러한 관점을 유지하는 것은 그동안 비판적인 시각으로 경험하는 모든 일을 평가하던 습관을 내려놓게 한다. 3장에서 7장까지 다루었던 여러분이 인생을 바라보는 기존의 시각에서 벗어나는 것이다.

비판에서 비롯된 분노와 원한은 경험으로 얻을 수 있는 통찰과 성장을 방해한다. 과거의 일에 대해 느끼는 지속적인 분노는 슬픔을 방어하기 위한 형태로 보는데, 분노를 내려놓고 슬픔의 고통을 있는 그대로 느끼는 것은 상당한 내면의 힘이 필요하다. 분노와 원한 그리고 그 외의 부정적인 감정들은 고통을 숨기기 위한 미숙한 표현 방법일 뿐이다. 그것들을 완전히 놓아줄 때 비로소 성장할 수 있다.

필자에게 상담을 받았던 에디라는 환자의 경우, 끊임없이 자신을 비판해왔다. 끝도 없이 자신의 외모에 분노를 느끼던 그녀는 결국 불안 증상으로 상담을 하러 찾아왔는데, 상담을 받게 된 자신을 강하게 비난했다. 자신이 도움이 필요하다는 것을 받아들일 수 없었다. 그 때문에 에디와 함께한 시간 대부분을 그녀 자신이 누구인지 인정하는 데 집중했다. 그녀는 몇 달 동안, 이 과정에 매우 저항적이었다. 첫 상담 때는 자신을 있는 그대로 수용하라는 제안을 전혀 받아들이지 못했다.

시간이 흐르면서 에디는 자신이 바랐던 자신보다 있는 그대로의 모습을 받아들이는 것이 자신에게 훨씬 긍정적으로 작용하며, 더 쉽다는 사실을 이해했다. 그녀는 자신의 고통이 실제 현실과 현실이기를 바랐던 이상 차이에서 비롯됐다는 것을 깨달았다. 자신의 인생을 수용하면서 에디는 불안감을 벗어났다.

다른 사람을 있는 그대로 받아들이고, 그들과 내가 다름을 인정할 것이다

다른 사람들이 내가 판단한 것과 다른 모습을 가지고 있다는 사실을 받아들이기는 쉽지 않다. 특히 융통성 없는 사고 패턴을 가지고 있다면 더욱 그렇다. 하지만 수용할 수 없었던 것들을 수용하기로 했다면, 이제 여러분과 다른 사람의 차이를 받아들일 수 있어야 한다. 나아가 각자의 생각, 가치관, 성적 취향, 종교, 견해, 인종, 그리고 여러분이 마주하는 서로 다른 다양성을 이해하고 감사해야 한다. 수용은 '나의 기대'라는 프리즘을 통해 다른 사람을 받아들이는 것이 아니다. 그들의 여러 조건을 편견 없이 받아들이는 것이다.

다른 사람을 온전히 수용한다는 것은 여러분 자신뿐만 아니라 모든 사람을 고유한 개인으로 간주한다는 의미이다. 우리는 모두 매우 연약하고 꽤 복잡하며 불완전한 존재라는 것을 받아들이기 위해 노력해야 한다. 모든 사람의 생각이나 행동에 동의하거나 좋아할 필요는 없지만, 여러분도 그런 것처럼 그들 모두 나름의 방식으로 행동할 권리가 있다. 다양성을 수용하게 될 때, 여러분은 다른 사람들을 바꿀 수도, 그럴 이유도 없다는 사실을 깨달을 것이다. 사람들을 격려하거나, 그들에게 어떤 영향을 미치거나, 어느 수준까지 자기 생각을 표현하거나 받아들이게 할 수는 있겠으나 그 이상은 불가능하다. 그래서 자신을 통제하고, 다른 사람 또한 알아서 자신을 통제하도록 내버려 두는 것이 최선이라 할 수 있다. 그러면 다른 사람에 대한 쓸모없는 걱정도 멈춰질 것이다.

서른두 살의 제러미는 어렸을 때 자신의 부모가 타인을 성격이나 외모로 판단하는 것을 보았다. 그의 부모는 보수적인 편이었는데, 모든 사람 심지어 가족에게도 고정관념과 편견으로 비판하거나 판단하고는 했다. 제러미의 부모에게 문신이 있거나 피어싱을 하는 사람은 그들이 어떤 사람인지와는 관계없이 지저분하고 신뢰할 수 없는 사람이었다. 자신들과 다른 가치관이나 다른 생활습관을 가진 사람 또한 가혹하게 비난했다. 부모의 관점에서 관습에 도전하는 사람은 모두 무례하고 파괴적인 사람이었다.

제러미는 성인이 된 후에도 그러한 잠재의식 때문에 부모와 같은 사고방식으로 사람들을 평가했다. 그는 사람들을 물건 분류하듯 카테고리로 나누었다. 그 결과, 친지들하고만 관계를 유지할 뿐, 진정한 친구는 하나도 없었다. 처음 만났을 때 제러미는 필자에게 자신에게 왜 가까운 친구가 없는지 모르겠다고 하였다. 하지만 회기가 지나자 그는 자신이 부모처럼 다른 사람들을 겉만 보고 판단해왔음을 깨달았다. 이후 그는 점차 부모가 가지고 있던 사람에 대한 경직을 버리고, 다른 사람을 있는 그대로 받아들이기 시작했다. 그리고 자신 또한 판단하지 않고 있는 그대로 받아들였다.

어떤 것도 영원하지 않음을 받아들일 것이다

심각한 상황을 수용하면 인생이 그저 시작과 끝의 연속이라는 사고방식을 갖게 된다. 즉, 좋은 일이든 나쁜 일이든 모두 끝이 있다는 것이다. 대인 관계, 직장 생활과 성공, 구체적인 성과와 세속적인 소유물에 지나치게 집착하는 것은 우리를 괴롭게 하고 불안을 증가시킬 뿐이다. 인간의 자연스러운 부분으로서 관계의 끝을 받아들인다면, 우리는 집착으로 인한 고통을 덜 받을 수 있다. 눈앞의 일에 너무 감정적이지만 않다면, 그 일을 받아들이는 게 훨씬 수월할 것이다.

지나치게 단순해 보일 수도 있지만, 닥터 수스Dr. Seuss*는 상실과 종결에 대한 멋진 방법을 제안했다.

"그것이 끝났다고 슬퍼하지 말고, 그것이 일어났던 것에 대해 미소 지어라."

인생은 유한하다. 우리의 삶이 언젠가 끝난다는 사실은 존재의 의미를 깨닫는 통찰력을 자극한다. 모든 것은 시작되고 끝이 난다. 이런 맥락에서 죽음과 같이 사라져 가는 시간을 두려워하지 말고 함께 가는 친구로 받아들일 수 있다. 모든 사람은 이 세상에 태어나고 언젠가 떠나간다. 그것이 인생이다. 이것을 수용할 수 있다면, 여러분은 자신의 불안을 더욱 잘 통제할 것이다.

래리는 사무용 건물은 짓는 30년 경력의 디자이너이다. 성공적인 커리어를 가졌지만, 그는 쉰여덟에 회사의 감원 정책으로 이른 은퇴를 하게 되었다.

수년 동안 래리의 정체성은 그의 직업과 밀접하게 연관되어 있었다. 자신을 정의하는 직업이 사라지자, 그는 마음이 공허하고 우울해져 막막한 미래를 상상하였다. 그가 필자를 찾아와서 했던 말이 생각난다.

"직업 없이는 내가 누구인지도 모르겠습니다."

나는 래리에게 인생에서 다음 단계로 넘어가는 과정을 당신이 수용하지 못하고 있다고 전했다. 이런 상황에서 래리가 할 수 있는 것은 거의 없었다. 그는 영원히 젊기를 바랐고, 일을 그만두는 시점을 자기 방식대로 정하기를 원했다. 수개월 동안 현실

---

* 닥터 수스Dr. Seuss: 수스 박사. 영어의 파닉스Phonics(음향학) 하면 떠오르는 작가로 칼데콧상과 퓰리처상을 받았다. 어린이의 흥미와 인지적 능력, 언어습득이론에 맞추어 작품을 쓰는 작가로 유명하다—역자 주

의 은퇴와 자신의 이상 사이에서 싸운 끝에 그는 이 상황이 새로운 시작이 될 수 있다는 사실을 받아들였다.

━래리는 수많은 회기를 거쳐 새로운 시작과 시작이 불러온 변화가 불가피하다는 것을 받아들였다. 그는 자신의 수용이 그동안 이루어 낸 것들을 소중히 간직하도록 돕는다는 사실을 깨달았다. 만약 이것을 받아들이지 못했다면 그는 남은 삶 동안 공허감과 절망감에 빠져 살았을 것이다.

답이 없는 질문은 하지 않을 것이다

심각한 상황을 수용하면, 다음과 같은 답이 없는 질문을 멈출 수 있다.

"나는 왜 우리 가족으로 태어났을까?", "왜 나는 좀 더 똑똑하거나 부유하지 못할까?", "나는 왜 매력적이거나 창의적이지 않은 것일까?"

여러분이 이런 질문의 답을 찾아보아도 찾을 수 있는 것들은 절대 만족스럽지 않을 것이다. 그런 질문에 논리적인 답이 있을 리 없다. '왜 무언가는 계속 변화하는가?' 하는 질문 또한 결코 좋은 답을 얻기 어려우며 단지 시간 낭비일 뿐이다. 답이 없는 질문은 여러분을 괴롭히고 불안을 일으킨다. 대답할 수 없는 질문의 또 다른 예는 다음과 같다.

- 왜 모든 사람은 언젠가 죽어야 할까?
- 왜 나는 만성적인 질병을 가지고 태어났을까?
- 왜 세상에는 악한 사람이 존재할까?
- 왜 때때로 인생이 이렇게 힘들까?

대부분은, 저런 질문의 현실적인 대답은 없다. 그보다 더 의미 있는 질문은 "왜 지금 그런 생각이 드는가?"일 것이다. 차라리 이 질문의 답을 찾기 위해 여러분이 오늘 겪었던 일들을 되돌아보는 편이 낫다.

"왜 지금 저런 질문이 중요한가?", "무엇 때문에 저런 질문을 하고 그 대답을 찾으려 하는가?"

이런 질문이야말로 삶을 의미 있게 살게 한다.

필자가 만난 페트라라는 여성의 이야기를 소개하겠다. 페트라는 세 아이를 둔 행복한 엄마였다. 하지만 그녀는 막내 엘리자가 다른 형제만큼 영특한 학생이 아니라는 데에 불안해하고 있었다.

엘리자는 창의적이며 음악에 흥미가 있었다. 피아노를 치거나 때로는 작곡을 했다. 나중에 재즈 밴드에 들어가는 것이 꿈이란다. 공부에는 영 흥미가 없어 평균 C로 과목을 가까스로 통과할 정도였다. 하지만 매우 사교적인 성격으로 학교에서 가장 인기가 많았으며 긍정적이고 예의가 발랐다.

하지만 페트라는 첫째와 둘째가 전형적인 모범생이었기 때문에 엘리자의 장점에 대해서는 제대로 인정할 수 없었다. 또한, 엘리자가 학자가 아닌 음악가가 되고 싶다는 것을 인정할 수 없었다. 그녀는 엘리자를 바꾸려고 할 때마다 절망하고, 결국 불안감에 제대로 잠을 잘 수 없었다. 욕심으로 스스로 삶을 파괴하고 있었던 것이다. 페트라는 치료시간에 나에게 종종 이렇게 물었다.

"왜 우리 가족에게 이런 일이 일어난 걸까요?"

처음에 페트라는 엘리자가 어떤 아이인지 받아들여야 한다는 사실에 저항했다. 그녀는 내가 하는 말에 분개했다. 하지만 그녀는 점차 '왜'라고 묻는 것을 멈추고 조금씩 딸을 수용하는 쪽으로 마음을 움직였다. 곧, 딸의 행복이 성적보다 중요하다는 것을 이해하기 시작했다. 가장 중요한 것은 엘리자가 가진 재능들, 즉 긍정적이고 건강한 마음, 뛰어난 사교성, 음악에 대한 열정 등에 감사하게 됐다는 점이다. 엘리자의 음악에 대한 열정과 꿈이 페트라의 불안을 없앴고, 엘리자에게 자부심을 품도록 했다. 이러한 통찰은 그녀가 받아들일 수 없다고 간주했던 것들을 받아들이지 않았다면 절대 나타나지 않았을 것이다. 그녀는 두려웠지만, 융통성 있는 사람이 되기 위해서는 훈련이 필요했다.

감사하는 마음이 중요하다

한편 심각한 상황수용은 감사한 마음 없이는 불가능하다. 어떠한 판단 없이 사람이나 상황을 받아들일 때 자신이 노력하고 있다는 것을 인정하고, 모든 것은 언젠가 끝난다는 사실을 인정해야 한다. 이때 현재 여러분의 삶에 주어진 모든 부분에 의식적으로 감사한 마음을 가지는 것이 도움이 된다. 현재 가지고 있는 것들을 재고해보면 그것들을 깨닫고 감사할 수 있을 것이다.

의식적으로 바꾸려고 노력하지 않으면 여러분의 마음은 영구적인 자동 조정 장치에 따라 움직인다. 그 장치를 어떻게 수동 모드로 바꾸는지, 자신에게 좀 더 나은 사고를 할 수 있게 관리하는지 배우는 것은 여러분의 선택에 달려 있다. 이 과정이 삶의 목표일 필요는 없다. 그저 양치하거나 집을 청소하는 것 같은 일상적인 행위일 뿐이다. 여러분의 사고를 다루는 것은 여러분이 조금만 노력한다면 습관이 된다. 처음에는 자기 생각을 깊이 있게 관찰할 수 있어야지만 조정도 가능하다. 훈련을 통해 여러분은 어떤 상황에서든 새롭고 건강한 생각이 가장 먼저 떠오를 것이다. 감사하는 마음으로 모든 것을 다시 생각해 보면 오래된 습관을 깨뜨릴 수 있다. 불교에서 선종의 대가인 치린Lin Chi은 다음과 같이 말했다.

"기적은 물 위를 걷는 게 아니라, 땅 위를 걷는 것이다."

이 말에 따르면 감사하는 마음의 놀라운 점은 여러분이 매일 겪는 단순한 일들을 포용하고, 자신의 많은 재능을 알아챌 수 있게 만든다는 점이다. 심각한 상황을 수용하고자 노력한다면, 감사해하는 것이 여러 상황에서 대처할 수 있는 강력한 대안임을 알게 될 것이다. 다음 연습 과제들은 부정적이고 비합리적인 사고에서 벗어나 현명하고 근거 있는 사고를 할 수 있도록 도와준다. 다음 훈련은 삶에서 고마운 사람들에 관한 것이다.

- 여러분을 사랑하고 존경하며 지지하는 사람이 있는가?
- 여러분의 개성과 성격을 좋아하는 사람이 있는가?
- 여러분의 노고를 인정해주는 사람이 있는가?
- 여러분을 웃게 하고 여러분이 삶의 밝은 면을 보도록 도와주는 사람이 있는가?
- 힘든 시간을 함께해 주고 그 시간이 여러분의 마음을 풍부하게 하도록 도와주는 사람이 있는가?
- 항상 즐겁지는 않아도 함께 있으면 많은 것을 배우게 되는 그런 사람이 있는가?

위의 연습 과제를 할 때 여러분의 삶에서 이런 사람들을 만난 것이 왜 감사한지 구체적으로 적어라. 현재 여러분의 삶과 밀접해 있는 사람들, 즉 가족, 친구, 선생님, 멘토, 동료부터 시작하라. 만약 아무도 생각나지 않는다면, 과거에 만났던 사람들을 떠올

감사하는 마음 갖기: 감사함을 느끼게 하는 것들을 정리하라

오늘 삶에서 감사했던 것 세 가지를 적어라.
한 달 동안 매일 아침, 이 훈련을 해라. 왜 감사하는지 구체적으로 적어라.
몇 개는 반복되어도 괜찮지만, 새로운 것을 찾도록 노력하라.

예시

- 겪었던 일에 감사한 것은: 하고 있는 힘든 일을 존경받고 인정받고 있어서 나의 업무 환경에 감사하다.
- 소유한 것 중에 감사한 것은: 좋은 기분이 들고 식물에도 좋으므로 햇볕이 잘 드는 아파트를 가진 것에 감사하다.

아침에 일어나 삶에 주어진 긍정적인 것들을 살피면, 그 하루는 다르게 인식될 것이다. 여러분의 감사 목록을 노트나 컴퓨터에 적어놓으면, 습관처럼 삶에서 감사한 것들을 계속 발견하게 될 것이다.

매일 하나씩 아래 문장을 완성하라.
한 달 뒤 자신에게 어떤 변화가 일어나는지 살펴보라.

나는 _____
_____ 에 감사하다.
왜냐하면 _____
_____ (이)기 때문이다.

나는 _____
_____ 에 감사하다.
왜냐하면 _____
_____ (이)기 때문이다.

나는 _____
_____ 에 감사하다.
왜냐하면 _____
_____ (이)기 때문이다.

감사하는 마음 갖기: 감사함을 느끼게 하는 사람들 정리하기

삶에 고마운 사람들 세명을 떠올리고 그들에 대해 적어보아라.
이 연습 과제 또한 한 달 동안 계속하라.

예시

• 나는 친구 제인을 만났다는 것에 감사하다.

그녀는 나의 말에 귀 기울여 주고, 나를 사랑과 존중으로 대한다. 그리고 내가 그녀를 필요로 할 때 항상 그곳에 있다. 또는 당신 자신에게 감사할 수도 있다.

• 나는 나 자신에게 감사하다.

왜냐하면, 하고 있는 일에 잠재적인 불황이 존재하지만 아직 잘 유지해왔기 때문이다.

매일 아래 문장을 완성하라. 한 달 뒤 자신에게 어떤 변화가 일어나는지 보라

나는 내 삶에서 _____
_____ 것에 감사하다.

왜냐하면 그(그녀)는 _____
_____ (하)기 때문이다.

나는 내 삶에서 _____
_____ 것에 감사하다.

왜냐하면 그(그녀)는 _____
_____ (하)기 때문이다.

나는 내 삶에서 _____
_____ 것에 감사하다.

왜냐하면 그(그녀)는 _____
_____ (하)기 때문이다.

려도 좋다. 여러분의 삶을 바꾼 선생님, 직업이나 취미를 선택하는 데 동기를 유발하였던 사람들, 이제는 떨어져 있지만, 여러분의 습관이나 행동에 영향을 미친 어린 시절 친구들 말이다. 그리고 왜 그들이 여러분에게 특별한지 적어보라. 어떻게 그 사람들이 여러분에게 긍정적인 영향을 끼쳤는가?

여러분이 떠올린 사람들에게 감사한 마음을 구체적으로 쓰게 되면, 그들과 관련된 여러분의 경험을 좀 더 확장할 수 있다. 또한, 그들이 어떻게 여러분을 기분 좋게 했는지 정확하게 알게 된다면 여러분도 그만큼 되돌려줄 수 있다. 되돌려준다는 것은 누군가를 행복하게 할 기회를 가지는 것과 동시에 감사한 마음을 느끼는 것이다. 이미 많은 연구 결과에서 다른 사람을 돕는 사람이 가장 행복한 사람이라고 밝히고 있다.

다음 연습 과제는 여러분의 삶을 가치 있게 만들어 준 세 가지 요인에 대해 적는 것이다. 세 가지를 적고 왜 그것들이 여러분에게 중요한지 구체적인 사례를 들어라. 이 세 번째 과정은 개인의 가치에 대한 연습인데, 앞의 두 가지 과정과는 다르게 목표 중심적으로 될 수도 있다. 어찌 됐든 괜찮다. 여러분의 삶에서, 없어서는 안 될 세 가지 가치에 대해 생각해 보라. 누군가가 그것을 빼앗아가려 한다며 맞서 싸울 수 있을 만큼 중요한 것이어야 한다. 또한, 이 가치들은 돈, 차, 집, 아이팟 혹은 스마트폰 같은 물질적인 속성이어서는 안 된다. 예를 들어, '다른 사람을 돕

감사하는 마음 갖기
: 여러분의 삶에서 가치 있게 여기는 것들 정리하기

여러분의 삶에서 가치 있게 여기는 것 세 가지를 떠올리고, 그 이유에 관해 써라.
왜 이것들이 당신에게 중요한지 설명하고, 그에 관한 사례를 들어라.
예를 들어, 여러분의 영적 능력을 고취할 수 있는 무언가나
신과의 관계를 심화시키기를 원할 수 있다. 혹은 여러분의 과거에서부터
거슬러 온 개인적인 문제를 극복하기를 원할 수도 있다.

매일 아래 문장을 완성하라. 한 달 동안 이를 연습하고
자신에게 어떤 변화가 일어나는지 보라.

나는 _____
_____ 것에 가치를 느낀다.
왜냐하면 그(그녀)는 _____
_____ (이)기 때문이다.

나는 _____
_____ 것에 가치를 느낀다.
왜냐하면 그(그녀)는 _____
_____ (이)기 때문이다.

나는 _____
_____ 것에 가치를 느낀다.
왜냐하면 그(그녀)는 _____
_____ (이)기 때문이다.

는 것을 좋아하기 때문에', '이 일이 즐거우므로', '이 일이 창의적이고 예술적으로 나 자신을 표현할 수 있으므로', '자녀나 손주들을 사랑하고 지지하고 싶으므로' 등 여러분의 삶이 가치 있다고 느낄 만한 것이어야 한다.

기억하라. 수용한다는 것은 내가 가진 것들로 행복해질 수 있다는 걸 의미한다. 하지만 여러분이 무엇을 가졌는지 확인하기 전까지는 그것에게 감사할 수는 없다. 이 연습 과제들은, 매일 혹은 여러분이 할 수 있는 최대한 자주 하는 것이 효과적이다. 이 과제들은 필자에게도 매우 효과적이었다, 나 자신과 나의 불안을 다루는 데에 여전히 도움이 된다.

Chapter 10

고정된 믿음을
바꿔라

사랑은 감정이 아니다. 사랑은 능력이다.

– 피러 헤지스

연인 관계는 매우 즐겁고 가치 있지만, 반면 유지하기 힘들고 가끔은 받아들이기 어려운 관계이기도 하다. 누군가가 곁에 있다는 데에서 발생하는 불안감은 이전 장에서 논의한 부정적 사고 패턴과 연관이 있다. 친밀한 관계는 상대방의 약점을 더욱 강화하는 경향이 있다. 또한, 관계를 잃을 수도 있다는 걱정으로 부정적인 감정과 스트레스가 생기기도 한다. 특히 과거에 고통스러웠거나 해결되지 않았던 연인 관계에 대한 기억이 있다면 그 감정이 현재까지 영향을 미치고 있을지도 모른다.

누군가와 사랑에 빠지고, 그 사람에게 감정적으로 의존하면서 갖게 되는 감정은 한편으로 매우 위협적이다. 예를 들어, 나만의 희망과 꿈을 연인에게 의존하여 결정하는 것은 정말 위험하다. 또한, 애인과의 불화로 가장 중요한 관계가 깨질 것 같다는 불안을 겪고 그 불안을 방어하고자 화를 내는 경우를 흔히 볼 수 있다. 이런 상황은 '싸움-회피-경직' 과정 중 '싸움' 부분으로, 관계가 끝날 수 있다는 두려움과 그로 인해 자신이 철저히 혼자가 될 수도 있다는 위협에서 기인한다. 연인 관계에서의 불안을 줄이기 위해서는 먼저 나의 분노를 예상하고, 그것이 얼마나 나를 아프게 하는지 확인이 필요하다.

분노를 이차적인 감정으로 이해하라

분노는 보통 이차적인 감정으로 간주한다. 불안감의 내면에 숨어 있는 중요하고도 핵심적인 감정으로부터 유발된 것이기 때문이다. 분노는 빙산의 일각일 뿐이며, 그 속에 훨씬 거대하지만 보이지 않는 무의식이 숨어 있다. 연인에게 싸움은 언제나 의견이 맞지 않아 발생하는 단순한 다툼으로만 볼 수 없다. 때때로 분노라는 익숙한 감정 뒤에 두려움이나 상처 등과 같은 말할 수 없는 강렬한 감정이 존재한다. 빙산의 일각을 넘어서서 그 안에 숨겨진 거대한 감정을 인식하는 것은 인간에게만 주어진 능력이다. 여러분은 행동하기 전에는 생각할 능력이 없는 그런 존재가 아니다. 따라서 어떠한 현상에 대해 본능적, 자동으로 반응하는 습관이 아닌 무의식적인 정서를 움직여 접근할 수 있다. 여러분의 반응과 행동이 분노로 좌우된다면, 자신의 감정을 지배하는 것이 아니라 감정에 지배당하고 만다. 그것이 결국 표면적인 행동 기저에 있는 상처나 두려움을 자극할 것이다. 이 과정에서 불안감이 증폭된다.

두려움과 상처가 분노에 많은 영향을 주기는 하지만, 결코 분노의 결정적인 요인은 아니다. 혹시 격렬한 말다툼을 하다가 분노의 진짜 원인을 드러내는 것이 불편하거나 부끄러운 적이 없었는가? 만약 그렇다면 말하지 못한 생각들이 머릿속에 남아 싸움이 끝났어도 더 큰 고통을 느끼게 된다. 사람들은 때로 두려움이나 상처를 드러내는 것이 자기 자신을 너무 약하게 보이게 한다고 생각한다. 그 결과 솔직한 감정을 가장 수월하게 감출 수 있는 극단적이자 방어적인 분노 감정으로 대체하는 것이다. 분노는 자신이 왜 상처를 받았는지, 무엇이 자신을 두렵게 했는지 이야기하지 못하게 만든다. 대신 지지 않기 위해, 진짜 감정을 숨기기 위해 자신을 채찍질할 뿐이다. 예를 들어 여러분이 거센 논쟁의 한가운데 있다고 생각해 보자. 여러분을 향하는 사람들의 공격적인 태도가 누그러지기는커녕 더욱 악화할 것 같다면 여러분은 분노하지 않을까? 또한, 여러분이 얼마나 두려운지 말하는 대신 부정적인 말들을 쏟아 내지 않을까? 하지만 장기적으로 볼 때, 감정을 숨기지 말고 상처와 두려움을 연인과 함께 나누는 것이 연인 관계를 회복할 기회를 마련해 준다.

켈리와 앨런의 이야기

켈리와 앨런 커플이 상담을 받으려 찾아왔을 때 두 사람은 결혼에 대한 의견 불일치로 대립각을 세우고 있었다. 결혼 이야기를 할 때면 켈리는 앨런의 예민한 반응을 견뎌내야 했다고 고백했다. 몇 번의 회기가 진행된 후 켈리는 자신이 앨런에 대한 부정적인 감정, 특히 분노를 표현하는 것을 두려워하고 있음을 깨달았다. 그녀는 어떤 것에 대해 초조해하거나 짜증스러운 감정을 상대방에게 표현하면 보복당하거나 버려질 수도 있다는 생각에 상당히 두려워했다. 켈리의 어머니는 자주 하소연을 하는 편이었는데, 시종일관 켈리를 무시하고 그녀가 불만을 표현할 때마다 무관심으로 대하며 수동적으로 공격했다고 한다. 켈리는 어머니가 자신을 버리고 갑자기 사라질까 두려웠고, 때로는 어머니에게 잠시나마 사랑을 느끼지 못한 것을 자책하였다.

켈리는 앨런과의 관계에서도 비슷한 두려움이 있다는 걸 발견했다. 앨런이 어머니와 비슷한 점이 전혀 없는데도 말이다.

상담 회기 동안 켈리는 앨런에 대한 자신의 감정을 숨기는 것이 결국은 그녀 자신과 앨런과의 관계를 손상한다는 것을 깨달았다. 나는 그녀에게 공포에서 벗어나 앨런에 대한 자신의 감정, 특히 분노를 고백하도록 주문했다. 켈리에게는 분노가 부적절한 감정이라는 오래된 신념이 있었지만, 자신을 짓누르고 있던 이 감정을 표현하며 조금씩 그 신념에서 벗어나기 시작했다.

또한, 연인 관계는 항상 위기에 처했다가 끝나고 만다는 그녀의 신념을 고치는 데에도 진전이 보였다. 상담 결과, 켈리와 앨런의 관계는 매우 좋아졌고 켈리는 자신의 감정을 개방함으로써 결혼에 대한 상처가 회복되었다고 말했다.

연인이 했던 말이나 행동 등이 과거의 인간관계 혹은 수년 전 가족에게 상처받았던 기억을 떠올리게 한다면 그 또한 분노로 전환되기 쉽다. 정신적 혹은 육체적으로 학대받았다면 더욱 그러하다. 나쁜 기억은 연인의 행동을 본래 의도와는 다르게 해석하게끔 한다. 이러한 기억은 내가 어떤 일이 발생했을 때 나 자신을 보호하도록 자동으로 분노 버튼을 누르게 만든다. 극심한 불안을 느끼면서 말이다.

한편 분노를 표현하는 게 나 자신을 지키는 것으로 생각할 수도 있다. 자신이 얼마나 상처를 받았는지 다른 사람과 공유하지 않은 채 말이다. 상처받았던 감정들을 계속 억누르고 표현하지 않으면 불안감은 여전히 나의 표면적인 감정 아래 존재한다. 그리고 숨길수록 점점 거세진다. 재차 억누르면 나에게 무슨 일이 일어나도 스스로 해결할 수 없을 거라는 무력감을 느끼게 하고 쉽게 위축되게 한다. 그러면 갈등 해결 방식이 두 가지 중 하나가 된다. 침묵하거나, 화를 많이 내거나. 자신의 진짜 감정은 표현하지 않으면서 말이다.

대부분의 사람은 때로 분노를 표현하여 자신의 요구를 해결하기도 한다. 8장에서 논의한 바와 같이 분노 감정이 여러분을 지배하여 자신을 보호하고 다른 사람에게 진지하게 받아들여지도록 할 수도 있다. 하지만 일반적으로 부적절한 말이나 화난 행동은 관계에서 친밀함을 만들어내지 못한다. 장기적으로 부정적인 영향을 미치기도 한다. 따라서 분노를 지닌 채로 의사소통을 할 때의 상황을 예측해 보는 것은 매우 중요하다. 여러분은 항상 감정을 조절할 수 없으므로 자신의 분노 그 자체를 멈출 수 없을지도 모른다. 하지만 여러분의 행동은 조절할 수 있다.

불안정한 감정을 가진 아버지를 닮아 가면서 필자는 분노를 표현할 때마다 만성적인 공포를 느끼고는 했다. 앞서 언급한 대로 필자의 아버지는 분노를 조절하지 못했다. 아버지는 웨이터가 형편없이 서비스했거나 판매원의 태도가 만족스럽지 않은 등 누군가가 자신을 부당하게 대우했다고 판단하면 장소를 불문하고 분노를 터뜨렸다. 그럴 때마다 나를 포함해 곁에 있던 가족들은 몹시 수치스러웠다. 언젠가부터 필자는 아버지 같은 사람이 되지 않으려 절대로 분노를 표현하지 않겠다 결심했던 것 같다. 매사 이분법적인 태도를 고수하며 불안해질지라도 아버지처럼 되지 않기 위해 종종 내 감정을 억눌렀다. 이후 아버지와의 관계에서 오는 두려움을 인정하자 차차 그 감정에서 벗어날 수 있었다.

해결되지 않은 채 곪아 버린 분노는 불안을 증가시킨다. 불교 수도승이자 평화운동가인 틱낫한Thich Nhat Hanh은 분노를 통한 처벌이 얼마나 자기 파괴적인지 예를 보여 준다. 만약 누군가 여러분의 집에 불을 질렀다고 해보자. 여러분이 가장 먼저 해야 할 일은 방화범을 쫓는 것이 아니라 집에 난 불을 끄는 것이다. 방화범을 쫓는다면 여러분의 집은 그동안 완전히 불타 버릴 것이다. 여러분의 에너지를 화재를 진압하는 데 사용하는 것이 더 이상적이지 않겠는가? 이렇듯 분노가 가득 찬 상태가 되면 여러분은 불안을 제압할 수 없다. 분노가 불안을 키울 뿐이다. 다른 무엇보다 자신의 안녕이 가장 중요하다는 사실을 받아들인다면, 여러분은 솔직하고 담담한 말투로 연인에게 자신이 어떤 것으로 상처받았는지 털어놓을 수 있다. 오해를 풀면 연인도 여러분이 왜 화가 났는지 이해할 것이다.

조시의 이야기

조시는 관계를 잘 맺지 못하는 문제로 필자를 찾아왔다. 그는 몇 년 전 많이 사랑했던 커트니에게 깊은 상처를 받은 뒤 다시는 누군가에게 상처받지 않겠다고 다짐했다. 이후 많은 여자친구를 사귀었지만, 매번 관계가 진지해질 때마다 예민해졌고 커트니를 떠올리게 하는 것들이 의식되기 시작했다. 조시의 잘못된 비난과 분노는 결국 모든 애인이 그를 떠나게 했다. 이후 그는 에이미라는 여자친구를 좋아했고, 결코 잃고 싶지 않았다. 하지만 자신도 이해 못 할 만큼 에이미에게 너무 많은 화를 내자 에이미는 점점 지쳐 갔다. 에이미는 종종 조시에게 "네 예전 여자친구들 때문에 내가 대가를 치르고 싶지 않아"라고 말했다. 조시는 나에게 확신에 가득 찬 눈으로 "다시는 여자 때문에 상처받지 않는 것이 나를 지키는 방법일까요?"라고 물었다. 나는 그에게 커트니와의 관계에서 있었던 분노를 내려놓는 것과 고수하는 것의 차이를 이해시켰다.

조시의 분노는 그를 보호하는 자동 조절 장치였다. 그는 항상 에

이미를 잃을까 봐 두려워하는 자신을 나약하다 느꼈고, 이런 생각은 분노를 불러왔다. 조시는 자신이 에이미를 멀어지게 했다는 사실을 알고 있었다. 어느 날은 에이미가 그에게 7시까지 집에 있을 테니 전화 달라고 말한 적이 있었다. 조시는 새로운 고객과 상담을 하고 있었고 에이미에게 자신의 실적을 전할 마음에 들떠 있었다. 하지만 그가 7시에 전화를 했을 때 에이미는 부재중이었다. 8시까지 연락이 되지 않았다. 그동안 조시는 미칠 것 같은 불안감을 느꼈다. 커트니가 한 번도 약속을 지킨 적이 없었기 때문이다. 조시는 에이미와 연락이 닿자마자 그녀의 사정은 들으려 하지 않고 소리부터 질렀다.

조시는 나중에 에이미에게 사과했지만, 왜 그토록 화를 냈는지는 설명하지 않았다. 에이미는 그를 비합리적이라고 비난했고, 더 곁에 있지 못하겠다고 말했다. 에이미는 좋은 사람이었고 조시는 결코 그녀를 잃고 싶지 않았다. 그러면서 나에게 도움을 요청했다. 나는 조시에게 우선 에이미는 커트니가 아니라는 사실을 받아들이게 했다. 그리고 커트니가 했던 행동들을 에이미에게서 찾는 행동을 멈추라고 말했다. 가장 힘들고도 중요한 임무는 에이미에게 솔직하게 왜 그렇게까지 화가 났는지 있는 그대로 설명하는 것이었다. 이 과정들이 조시를 두렵게 만들었지만, 그는 에이미를 잃는 것보다는 견딜 만한 일이라 판단했다. 그는 에이미와 커트니는 다른 사람임을 인정하고, 자신에게 그 점을 계속 인식시켰다. 그러고는 에이미를 저녁 식사에 초대해 자신의 행동에 대해 털어놓았다.

과거의 일과 자신이 겪은 감정을 떨리는 목소리로 천천히 이야기 하자 에이미는 그의 솔직함에 감동하였고 자신도 치료를 돕겠다 고 말했다.

조시는 막상 털어놓고 나니 에이미가 모든 사실을 알게 되었다 는 데 마음이 놓였다. 에이미는 그가 예전 버릇대로 행동하면 자신 이 커트니가 아니라는 사실을 그에게 알려 주었다. 시간이 걸리기 는 했지만, 인내를 가지고 서로 노력한 끝에 그는 커트니에 대한 분 노에서 벗어나 에이미에 대한 사랑을 얻었다. 두 사람은 2년간 동 거 중이며, 곧 결혼할 계획이라고 했다. 조시는 상처 받은 느낌에서 완전히 벗어나지는 못했지만, 두 사람은 계속 노력하고 있다. 중요 한 것은 연인 관계를 지속하는 것에 대해 불안감이 들지 않았다는 점이다. 조시는 여자친구와의 관계를 지속할 수 없는 사람이 아니 었다.

관계에 대한 고정된 믿음을 바꿔라

결혼이나 연인 관계에 대한 비합리적인 신념에서 벗어나려면 우리가 그동안 학습했던 합의 현실을 내려놓아야 한다. 예를 들 어 서로 깊이 헌신하며 사랑한다면 모든 문제가 자연스럽게 해 결될 것이라는 관계에서의 신념이 있다고 치자. 하지만 이는 사실이 아니다. 이처럼 많은 사람이 어떠한 다툼 없이 모든 것에 합의하는 것을 건강한 관계라고 믿는 듯하다. 필요 이상으로 큰 싸움을 만들지만 않는다면, 불일치에 대한 말다툼 등은 관계에서 긍정적인 효과를 가진다. 필자는 자신들은 절대로 싸운 적이 없고 항상 모든 것에 동의한다고 자랑하는 사람들을 보면 그들을 침묵하게 만드는, 결국은 나타날 수밖에 없는 이면의 감정이 무엇인지 궁금해진다.

관계에 대한 또 다른 왜곡된 신념의 예는 '사랑한다는 것은 서로를 행복하게 만드는 데 책임을 다해야 한다'라는 것이다. 이 것 역시 사실이 아니다. 사랑은 강력한 힘을 가지고 있지만, 항상 실제적이지는 않다. 더 정확히 말하자면, 여러분은 다른 누군가를 행복하게 만들 능력을 갖추고 있지 않다. 연인의 삶에 다소간 행복을 더할 수는 있지만 말이다. 여러분은 오히려 다른 누군가를 불행하게 만들 능력이 있다. 따라서 불안을 감소시키고 오랜 기간 연인과의 관계를 지속하기 위한 여섯 가지 팁을 소개하겠다. 이 팁들이 연인 관계에서 서로를 비참하게 만드는 것을 막아줄 것이다. 또한, 서로에 대한 인식을 강화해 갈등을 줄이고, 나아가 관계에서의 개인적인 신념을 재검토하여 자신의 행복에 대해 개인적인 의무를 다할 수 있도록 고안되었다.

많은 연인이 이 팁들이 자신들의 문제를 해결해 주기를 원할 것이다. 단 한 가지 확실한 것은 만약 연인 서로가 자기 생각을 바꾸는 데에 동의한다면, 그 이후에는 서로를 대하는 행동에 큰 변화가 있을 거라는 사실이다. 행동의 변화 없이는 성장도 없다. 성장하지 않는다는 것은 그 관계가 오랫동안 불안정할 수 있다는 걸 의미한다. 사랑은 단순히 감정이 아니다. 사랑은 능력이다.

여기에 등장하는 여섯 가지 팁은 연인 모두 기꺼이 변화를 감수하고 함께 성장할 만큼 관계에 헌신적일 때에만 효과가 있다. 한 명만 노력해서는 견고하고 건강한 관계를 맺을 수 없다. 두 사람이 서로에게 정직하고 공정하며 선의를 가지고 노력할 때 가능하다는 점을 명심하라.

1. 자신의 기대를 낮추는 연습을 하라

사랑에 빠진 사람들은 상대방이 완벽한 사람이라고 생각한다. 또한, 많은 사람이 연애 초기에 최선을 다해 좋은 행동을 하려고 한다. 하지만 이런 것들은 오랜 시간 동안 천천히 해제되어 결국 무너지게 되어있다. 상대방이 변했다고 느껴지면 불필요한 잡음이 생긴다. 좋은 관계는 자신의 연인이 모든 면에서 완벽하다는 믿음을 버리고 상대방이 잘하는 것과 잘하지 못하는 것을 있는 그대로 받아들이는 과정을 거친다. 자신의 기대를 낮추는 것은 상대방이 보는 나 자신의 기대를 낮추는 것도 뜻한다. 나 역시 완벽한 짝이 되어야 한다는 기대를 내려놓는 것이다.

누구나 정교한 결함이 존재한다. 연인 관계에서뿐만 아니라 다른 대인 관계에서 그 사람이 나에게 어떻게 행동해야 하는지 혹은 내가 그들에게 어떻게 행동해야 하는지 같은 고정된 신념을 깨야 한다. 사람들은 모두 자신의 연애 상대에 대한 환상을 가졌다. 이러한 환상 속 신념들은 마음에 뿌리 깊게 배어 있지만, 선천적으로 이렇게 사고하도록 태어난 것은 아니다. 그러므로 그 신념들을 버릴 수 있다.

기대를 낮춘다고 해서 그것이 내가 원하는 연애 상대의 질적 수준, 즉 정직, 지성, 성실에 대한 기준을 낮추라는 것이 아니다. 또한, 자신이 상대하고 싶지 않은 사람에 대한 기준을 정하라는 뜻도 아니다. 물론 자신이 어떻게 대우받거나 사랑받았으면 하는지 개인적인 신념을 깨라는 것은 더더욱 아니다. 그저 서로에 대해 합리적이고 실질적인 기대를 해야 한다는 것을 의미한다. 즉, 연인 사이에서 인간의 불완전함을 수많은 차이 중 하나로 받아들이라는 뜻이다.

2. 연인이 무조건 옳아야 한다는 욕심을 내려놓아라

"연인이 항상 옳기를 바라는가 아니면 연인과 옳은 관계를 원하는가?"라는 질문에 답해 보라. 두 가지를 포함해 대답할 수는 없다. 자신이 생각하는 옳은 행동을 상대방이 하기를 바란다는 것은 기본적으로 그 사람을 얕보거나 혹은 공격하는 듯한 느낌을 준다. 마치 자신이 우위에 있는 것처럼 말이다. 항상 자기 식대로 연인이 옳게 행동하기를 원한다면, 인간의 자연스러운 성장 흐름과 모두 겪어야 하는 변화에 융통성을 가지지 못하게 한다. 성장이 없다는 것은 변화가 없다는 것을 의미한다. 변화가 없다는 것은 관계가 없다는 것과 같다. 연인 한쪽이 바뀌려고 하지 않는다면, 그 관계는 유연하지 않을 것이고 쉽게 깨지고 말 것이다. 옳은 태도를 원한다는 것은 이분법적 사고 체계를 뜻한다는 사실을 기억하라. 즉, 옳거나 그른 양극단의 사고를 하고 산다는 의미이다. 이분법적인 렌즈를 통해 보는 사고방식은 나의 불안을 증가시킨다. 관계에서도 마찬가지다. 상대방이 항상 옳았으면 하는 마음을 내려놓는다면, 서로를 제어하려거나 자신의 방식으로 세상을 보도록 강요하는 것을 멈출 수 있다. 자신과 연인은 매우 다른 사람이고, 그것이 이상한 일이 아님을 받아들이는 것도 매우 중요하다. 항상 서로 옳을 필요가 없다는 것을 인정하면, 각자의 개성을 존중해 주고 그것이 잘못되었다고 서로를 비난하지 않을 것이다.

이를 위해서 서로 고수해 왔던 프레임이 출동하는 것을 함께 인내해야 한다. 특히 과거에 불화를 일으켰던 민감한 이슈에 대해서는 서로 더욱 노력해야 한다. 나와 연인 사이의 감정적인 이슈가 얼마나 심각한지와는 상관없다. 항상 옳아야 한다는 고집을 없애는 것이야말로 관계를 유지하는 데 큰 도움이 될 것이다.

3. 연인 사이의 문제는 두 사람의 책임임을 인정하라

우선 관계에서 생기는 불화에 자신이 얼마나 영향을 미치고 있는지 확인해야 한다. 솔직하게 나만이 바꿀 수 있는 것들이 무엇인지 살펴보라. 그렇지 않으면 그 관계는 계속 서로를 비난하고 상대방이 바뀌기만을 기대하는 관계가 될 것이다. 건강한 관계는 불화가 발생한 데에 50대 50의 책임감을 느끼기 마련이다. 바람을 피우거나 무엇에 중독되는 등 가족에 부정적인 영향을 미치는 심각한 문제가 아닌 이상 일방적으로 한쪽 상대만 비난하는 일은 없어야 한다. 어떤 관계든 잘 유지되려면 빈 도화지 같은 상태로 시작해야 한다. 깨끗한 도화지를 얻고 이를 적절하게 유지하기 위해서는 양쪽 모두 각자의 행동을 바꿔야 한다. 즉, 자신만이 도화지를 깨끗하게 유지할 수 있으며 스스로를 책임질 수 있다. 나는 상대방을 바꿀 힘이 없지만, 나 자신에게는 절대적인 힘을 가지고 있다. 그 힘이 어느 정도인가는 나의 선택에 달려 있다. 그리고 나를 변화시키는 힘은 연인에게도 긍정적인 영향을 미칠 것이다.

필자의 환자들은 관계가 지속하면서 상대방을 바꿀 수 없다는 것이 자신을 무력하게 느끼게 한다고 고백한다. 필자는 그것이 지나친 권리를 가지려는 오류라고 생각한다. 예를 들어 필자는 치료사로서 오로지 내담자의 변화를 촉진할 뿐 고치지는 못한다. 즉, 환자에게 그들의 관계를 더 긍정적으로 만드는 방법을 찾도록 도울 뿐이다. 스스로 자신의 문제를 바꾸려 노력할 때 관계는 자연스럽게 나아진다. 상대방이 아니라 나 자신에게서 답을 찾을 때, 관계로 인한 스트레스는 줄어들 것이다.

4. 부정적인 감정이 끓어오르는 지점을 관찰하라

연인과의 관계에서 어떤 상황에 분노를 느끼는지 인식하는 방법을 배워야 한다. 예를 들어 상대방이 더러운 양말을 닷새째 세탁기에 넣지 않고 한 줄로 바닥에 늘어놓은 때처럼 말이다. 관계에 있어서 자신의 맹점(분노를 불러일으키는 지점)을 제대로 인식하지 못하면, 그런 일이 일어날 때마다 필요 이상의 원하지 않은 반응이 따라올 수밖에 없다. 예를 들어, 여러분이 집을 깔끔하게 정돈하는 것에 몰두해있다고 가정해 보자. 하지만 상대방이 청소하는 데 거의 신경을 쓰지 않는다면, 그것은 자동으로 여러분의 화를 불러올 것이다. 이처럼 깨끗하지 않거나 제자리에 놓여 있지 않은 물건에 대한 예민한 반응을 맹점으로 간주할 수 있다. 즉, 어떤 물건이 '올바르지' 않은 상태에 있을 때 엄청나게 당황하는 것이다. 이러한 개인적인 약점의 인식을 강화하는 것을 통해 과도한 말다툼을 피할 수 있다. 적당한 시기에 한 걸음 물러서서 감정을 추스를 수 있는 것이다.

자신에 대한 책임을 질 필요가 있기에 스스로 자신의 맹점을 관찰할 줄 알아야 한다. 상대방을 관찰하여 피해당하지 않도록 노력하라는 뜻이 아니다. 그것은 나의 몫이 아니다. 다시 한 번 강조하지만, 불안을 일으키지 않는 건강한 관계로 발전하려면 나에 대해 책임감을 느껴야 한다. 즉, 관계에 있어서 나의 선택과 행동에 책임을 져야 한다는 뜻이다. 세 번째 팁의 내용처럼 연인 관계에서 특정 문제가 발생했을 때 내가 얼마나 책임져야 하는지 같은 방식으로 관찰한다면 도움이 될 것이다. 이런 방법으로 자신의 맹점을 다룰 수 있을 때, 서로에 대한 부담감이 사라진다. 가장 이상적인 방법은 두 사람 모두 스스로 자신이 바뀌었으면 하는 데 집중하는 것이다.

5. 적극적인 대화 방식을 연습하라

긍정적인 방향으로 관계를 지속시키기 위해서는 공격적이거나 수동적인 대화 방식을 버려야 한다. 공격적인 대화는 대개 격렬한 말다툼으로 시작해 나쁜 감정을 불러온다. 수동적인 대화는 자신을 괴롭히는 것을 억누르게 하며 여전히 분노를 불러일으키는 무언가 때문에 연인 관계에 나쁜 영향을 미친다. 중간 영역인 '수동-공격' 형태의 대화 방식도 있는데, 이것은 개인이 분노나 부정적인 감정과 간접적으로 연관되어 있을 때 나타난다. 빈정거림이나 유머 혹은 무관심을 통해 의사 표현을 하고 때로는 다른 사람을 무시하는 행동으로 나타나는 대화 방식이다. 어느 쪽이든 상대방은 비열한 방식으로 보복당하고 있다고 느끼며, 단순히 격렬해진 다툼을 비켜 가는 것으로 인식될 수 있다. 이 대화 방식 또한 공격적, 수동적 대화 방식과 같이 장기적인 관점에서 관계에 전혀 도움이 되지 않는다. 건강한 대화 방식이란 관계를 숨 쉬게 하고 잘 자라게 하는 산소 같은 존재이다.

적극적인 대화 방식은 '나'로 시작하는 문장을 사용하며, 임의대로 상대방을 판단하지 않는다. '나'로 시작하는 문장에서는 말하는 사람이 자신의 감정과 생각에 '너'를 끌어들이지 않는다. 전적으로 그 말에 자신이 책임지도록 하므로 매우 중요한 대화 방식이다. 다시 상대방이 지나치게 청결하거나 물건이 완벽하게 제자리에 놓여 있지 않아 화를 내서 집에 있을 때마다 스트레스를 받는다고 해보자. 그런 상대방 때문에 여러분은 무언가가 제자리에 없거나 깔끔하게 정리되어 있지 않으면 불안감을 느낄 것이다. 상대방이 그런 것들에 화를 낼 것을 알고 있기에 공격당할까 걱정하는 것이다. 이럴 때 적극적인 대화 방식으로 자신이 어떤 감정을 느끼고 있고 이런 스트레스를 더는 받고 싶지 않다고 말해야 한다. 상대방에게 그 문제에 대해 느끼는 불편을 정확하게 말하지 않는다면 전부 여러분의 몫이 되는 것이다.

또 다른 예로 애인이 기다리는 것을 매우 싫어한다고 가정해보자. 여러분은 애인과 약속에 대한 관념이 다를 수 있다. 즉, 정확한 시간을 지키는 것을 그리 중요하게 생각하지 않는 것이다. 이런 문제가 있을 때 상대방의 눈치를 보며 조심스러워하고 약속 시각에 늦을까 두려워하는 대신, 적극적인 대화법으로 상대방의 시간에 대한 엄격한 태도를 완화하는 것을 시도해 볼 만하다. 명확하지만 비판적이지 않게 왜 그 문제가 불편한지, 그것을 지키는 것이 나에게 얼마나 스트레스는 주는지 설명한다면 상대방은 여러분의 말을 귀 기울여 듣는 기회를 얻게 되는 것이다.

단기적으로 보면, 적극적인 대화법을 사용하며 문제가 무엇이든 간에 스스로 책임을 지려는 모습을 보여 준다는 것은, 상대방을 반발하게 하지 않고 대화하게 하는 효과가 있다. 대부분 커플은 싸우지 않고 대화하는 법을 잘 알지 못한다. 파트너 간에 선의가 있고, 양쪽 모두 변화하기를 원한다면, 이런 방식으로 관계를 발전시키는 것은 대부분 즉시 효과를 본다.

6. 연인과 관계없는 개인적 공간을 만들어라

마지막 팁은 많은 연인이 가장 많이 저항하는 것 중 하나이지만, 관계의 불안을 줄이기 위해서는 꼭 필요하다. 이 팁은 재미와 자극을 위해 서로에게 많은 부담을 지우는 것을 방지한다. 사람들은 연인이라면 항상 함께 있어야 하며, 우정이나 각자의 관심사 또는 취미에 대해서도 함께해야 한다고 생각한다. 그러지 않으면 무언가가 잘못된 것이라 믿는다. 이런 생각은 오히려 두 사람의 관계에 나쁜 영향을 미치는 비합리적인 신념이다. 두 사람 모두 연인 관계에서 벗어나 다른 관심사를 찾아야 한다. 이런 노력은 관계에 있어서 숨통을 트이게 하고 서로에게 너무 의지하는 것을 막아 준다.

함께 시간을 보내는 것을 의무처럼 생각해서는 안 된다. 필자는 내담자들에게 연인과 함께 시간을 보내는 것보다 서로 기다리게 만드는 것이 중요하다고 강조한다. 때로는 상대방이 그리울 만큼 충분히 떨어져 있으면 서로를 생각하게 되고, 다시 만나는 데에 기분이 고조된다. 이전에 논의한 대로 서로를 사랑하는 두 사람 간의 개인적인 공간은 관계를 오래 지속시키는 데 매우 중요한 역할을 한다.

많은 연인이 분리된 삶을 갖는 것이 관계에 좋지 않은 영향을 미칠 거로 생각한다. 하지만 사실이 아니다. 앞서 말한 대로 사고가 균형 잡혀 있을 때, 우리는 극단적인 사고를 하지 않는다. 이와 유사하게 관계 안에서 자율권을 가진다는 것은 중간 영역, 즉 골디락스 존을 발견하는 것과 비슷하다. 그 공간을 통해 서로 더욱 솔직해지면서 한층 성장하고 서로를 더 사랑할 것을 약속하는 것처럼 말이다.

분노하는 감정 vs 균형 잡힌 감정

분노 자체는 연인 관계에 악영향을 미친다. 앞서 말한 대로 분노가 상처와 두려움으로 인한 이차적 감정임을 깨닫지 않으면,

여러분은 불안이 자신을 부정적으로 만든다고 생각할 것이다. 분노는 연인을 통제하고 자신이 옳다고 여기는 방향으로만 행동했으면 싶게끔 만든다. 또한, 비현실적인 기대로 공격적인 대화를 하게 한다. 한 걸음도 물러서지 않으려 상대방과 강하게 대치하고 끝장을 볼 때까지 싸우게 만들기도 한다. 이런 날것의 감정은 자동으로 전투적인 반응을 끌어낸다. 균형 잡힌 사고가 연인과 건강한 관계를 지속하도록 돕는 데 비해 분노에 사로잡힌 사고는 여러분을 방어적으로 만든다. 이런 사고 패턴에 갇히면 아래와 같이 생각하게 된다.

- 연인에게 완벽을 추구하고 비현실적인 기대를 한다.
- 항상 자신이 생각한 방식으로 행동해야 하며, 극단적으로 생각한다.
- 연인을 통제하려고 하며 자신과 비슷해지도록 강요한다.
- 관계 안에서 벌어지는 문제에 대해 연인을 비난하고, 자신은 책임지려 하지 않는다.
- 공격적 혹은 수동적(무시하거나 초연해지는) 소통 방법을 사용한다.

극단적인 사고를 지양하면 분노는 점차 사라지고 불안 또한 줄어든다. 또한, 균형 잡힌 사고는 소통하는 과정에 초점을 맞추고 연인을 통제하려는 욕구를 포기하도록 한다. 이러한 사고 프레임을 가지면 여러분은 다음과 같이 생각하게 될 것이다.

- 완벽함에 대한 욕심을 버리고, 현실적이고 실용적인 기대를 한다.
- 옳은 것만 해야 한다는 욕심을 내려놓고, 양극단이 아닌 중간 영역을 본다.
- 다른 사람을 통제하려는 것을 멈추고 자신이 제어할 수 있는 것에 집중한다.
- 비난을 멈추고 자신이 책임져야 하는 것들에 대해 인식한다.
- 정직한 소통을 한다.

Chapter 11

생각 일기
작성하기

"인생은 여러분이 경험한 것 10퍼센트와
여러분이 어떻게 대처했는지에 대한 90퍼센트로 이루어진다."

– 도로시 M. 네더마이어

여러분이 감독이 되어 자신의 삶을 그리는 영화를 제작하게 되었다고 상상해보자. 부동성 불안free-floating anxiety*으로 지금까지 여러분은 제한된 카메라 렌즈로 자신의 시야를 가려왔다. 앞서 논의한 불균형적인 사고방식으로 여러분의 영화는 편협하고 근접 촬영으로만 제한됐을 수 있다. 그 사고방식은 과거에 여러분 눈앞에 어떤 것들이 놓여 있었는지 그리고 여러분 주변에 무엇이 있었는지 제대로 인지하지 못하게 한다. 마음을 열고 카메라를 들고 뒤로 물러서라. 그리고 여러분의 삶을 더욱 넓은 관점으로 바라보자. 그리고 그 파노라마를 큰 그림으로 포옹해보자.

삶이라는 영화의 감독

자신을 주인공으로 한 영화의 감독으로서 넓은 화면을 찍고 싶을 때 어떻게 찍어야 하는지 아는 것은 여러분의 불안을 줄이

---

* 부동성 불안free-floating anxiety: 대상이 없는 유동적인 불안으로 신경증성 불안의 하나이다.—역자 주

는 데 도움이 된다. 클로즈업된 관점은 이성적인 사고를 막고 덫에 걸린 사람처럼 고통스러운 반응을 가져온다. 한 번 그런 일이 일어나면 먼저 불안이 올라오고 뒤이어 공포가 따라온다. 뒤로 물러나 큰 그림을 보면 기존의 사고를 대체하면서 여러 가능성을 열어 두게 된다. 또한, 부정적인 사고의 한계를 넘어설 수 있다. 이 장에서는 불안한 사고나 감정적인 경험을 가지게 되었을 때, 삶을 큰 그림으로 접근할 수 있도록 도와주는 연습 과제를 제시할 것이다. 자신의 마음에 클로즈업된 카메라에서 한 발 뒤로 물러나, 스트레스 가득한 상황에서 자동적인 대응을 재구성하는 데 도움이 될 것이다. 날마다 이 연습으로 자신을 꾸준히 점검하면, 내 생각의 희생자가 아닌 그 생각의 관찰자가 될 수 있다. 이러한 변화는 여러분을 불안한 반응에서 벗어나게 하고 이성적으로 심사숙고할 수 있도록 이끌 것이다. 다음의 세 가지 연습 과제는 아론 벡Aaron T. Beck에 의해 개발된 전통적 인지행동치료 CBT 기법과 알버트 엘리스Albert Ellis에 의해 개발된 합리적 정서 치료 RET 기법에 기반한 것이다. 이 치료 기법들은 다양한 환경에서 널리 사용되었고, 많은 임상에서 치료의 기준이 되었다. 이 기법들에 필자만의 기법을 추가하여 소개하겠다.

부정적인 생각을 관찰하고 구분하는 연습

자신의 부정적 생각을 다음의 개념에 따라 구분하라.

- 나의 이분법적인 사고는 무엇인가?
- 나의 합의 현실은 어떤 것인가?
- 나의 통제 착각은 무엇인가?

부정적인 생각이 들면 위의 세 가지로 스스로 따져보자. 무언가로 인해 크든 작든 불안을 느끼거나 스트레스를 받았다면 그다음 관찰자 모드로 전환해 보라. 자기 생각에 주의를 기울이고, 구별하여 기록할 수 있어야 한다. 이러한 관찰과 구별을 반복하며 여러분의 신념, 즉 자신의 사고방식을 만든 사건이 무엇인지 파악하라. 위의 세 가지에 속한 부정적인 사고를 스스로 분류할 수 있을 때, 그 신념은 조각조각 흩어지고 나를 지배하려는 힘을 잃을 것이다.

생각 일기 작성하기

이번에는 세 가지 부정적 사고 패턴에 할당된 빈칸을 채워 보자. 세 가지 패턴 중 어떤 것이 자신의 상황에 맞는지 구분하고,

불안을 일으키는 상황에 대해 써보라. 그 후 그 상황을 자신의 부정적 사고 혹은 부정적 해석으로 정의해 보라. 이렇게 부정적인 사고 패턴을 관찰하면, 다음의 대체 연습을 통해 이를 구별해 볼 수 있을 것이다.

이제 세 가지 상황과 관련된 부정적인 사고의 예를 들을 것이다. 자신의 부정적인 사고를 관찰하기 위한 안내로서 다음 세 가지 예제를 사용해보라.

연습 과제 1

생각에 관한 일기
관찰하고 구별하기

이번 주의 여러분의 사고를 관찰하고 적어보라.

이분법적 사고 - 극단적으로 생각하기
- 관찰하기: 오늘 어떤 극단적인 사고를 하였는가? (좋고 나쁨, 옳고 그름, 강함과 약함, 영리함과 멍청함)
- 상황: 예상치 못한 비상 근무로 학교에서 아이들을 데려오는 시간에 늦고 말았다.
- 부정적 사고: 아이들을 기다리게 해서 나 자신이 나쁜 부모처럼 느껴졌다. 좋은 부모는 늦지 않았을 것이다.

합의 현실 - 고정된 사고방식 고수하기
- 관찰하기: '절대로', '항상', '그래야 한다', '그러지 말아야 한다', '모두', '아무도', '영원히' 등 같은 당위적인 단어를 사용했는가?
- 상황: 한 달 동안 가까운 친구들의 결혼식과 베이비 샤워에 참석했다.

- 부정적 사고: 친구 모두가 결혼하고 아이를 가졌다. 여자 나이 서른두 살이면 이미 결혼해서 가정을 이루었어야 한다. 하지만 나는 너무 늦었고 이제 절대로 이상형을 만나지 못할 것이다. 모든 남자는 어린 여자를 원한다. 나는 영원히 혼자일 것이다. 부모님의 말씀을 듣고 법학대학원에 가지 말았어야 했다.

통제 착각 - 결과 중심적으로 상황을 통제하려는 시도
- 관찰하기: 완벽해지거나 사람들을 만족시키려고 노력하였는가? 혹은 미래에 대해 걱정함으로써 좋은 결과를 얻으려 하였는가?
- 상황: 오늘 아침 직장에 도착했을 때, 상사가 화난 것 같았다.
- 부정적 사고: 아마 내가 성과를 제대로 내지 못해서 나에게 화가 났을 것이다. 이제 나는 형편없는 평가를 받아 승진에 실패하거나 해고당할 것이다. 내 삶은 끝났다.

- 날짜 / 시간:

- 상황:

- 부정적 사고:

- 나의 반응:

부정적인 사고를 대신할 대체 사고 연습

부정적인 사고를 관찰하고 이를 세 가지로 분류하는 연습을 했다면 이제 5분 규칙을 활용하여 대체 사고를 만들어 대응해야 한다. 이 2단계 연습은 부정적인 사고가 절대적으로 되어 불안을 확대하지 않도록 할 것이다. 이 연습을 하려면 모든 부정적 사고를 그 사고를 재구성할 도구로 보아야 한다. 불안을 일으키는 사고로부터 도망치지 않고 그것을 받아들일 때 이 연습을 생활에 활용할 수 있다.

마음속에 다음의 문장을 새겨라.

나는 반응하지 않고 반영할 것이다.

우리는 세 가지 분류를 통해 자동으로 반응하는 부정적인 사고는 스트레스 수위를 높인다는 점을 발견했다. 이와 반대로 곰곰이 생각하여 나오는 근거 있는 반응은 감정적인 고통을 줄이고, 그 상황에 자신을 반영하여 궁극적으로 스트레스 수위를 감소시킨다.

반응 적인 사고를 벗어나 대체 사고를 마음과 통합시키는 것은 설치한 프로그램을 시작하기 위해 컴퓨터를 다시 켜는 것과 비슷하다. '재시작'은 컴퓨터를 끈다는 게 아니라 컴퓨터에 새 프로그램이 추가됐다는 것을 의미한다. 이처럼 새로운 대체 사고는 여러분이 큰 그림을 보도록 해줄 뿐만 아니라 여러분의 고유 현실을 창조할 수 있도록 새로운 사고방식을 만들어낸다.

'생각 일기의 연습 과제 1'에서처럼 어떠한 불안도 단서가 될 수 있다. 불안이 느껴지기 시작했다면 이 연습 과제에서 벗어나 다시 1단계를 해보라. 자신의 부정적인 사고를 상황에 기반해 구별하는 연습 말이다. 이후 2단계 연습 과제에 돌입하라. 1단계의 상황을 5분 동안 되돌아보고 부정적인 사고를 근거 있고 좀 더 현실적인 사고로 대체해보라.

- '좋음과 나쁨', '맞음과 틀림', '강함과 약함' 같은 극단적인 단어 (이분법적 사고)
- '~해야 한다', '절대로', '항상' 같은 당위적인 단어(합의 현실)
- 완벽을 추구하고, 사람들을 만족시킨다는 목표로 당장 결과만을 중시(통제 착각)

대체 사고는 여러분이 수년 동안 고수해 왔던 오래된 사고방식에 대한 도전이다. 처음에는 쉽지 않을 수 있지만, 앞서 이야기한 세 가지 범주에 포함되는 언어를 제거하고 근거 있는 문장을 만드는 과정을 오랫동안 해낼 수 있다면 불안한 마음은 금세 진정될 것이다. 다만 완벽을 강요하거나 통제에 대한 착각을 일으키는 어떠한 사고도 하지 않도록 주의한다.

대체 사고 - 5분 규칙

부정적 사고방식 식별하기 1

- 극단적으로 사고하기: 오늘 극단적인 생각을 했는가?
- 촉발 요인: 어떤 일들이 오늘 나를 화나게 했는가?
- 상황: 예상치 못한 비상 근무로 학교에서 아이들을 데려오는 시간에 늦고 말았다.
- 부정적 사고: 아이들을 기다리게 해서 나 자신이 나쁜 부모처럼 느껴졌다. 좋은 부모는 늦지 않았을 것이다.

대체 사고

무조건 반응하지 말고 생각할 시간을 가진 뒤 대응하라.

- 대응하기: 잠시 생각을 멈추어라. 단지 한 번 늦었다는 게 나쁜 부모를 의미하지 않는다. 사랑스럽고 성실한 엄마임을 보여 줄 만한 다른 근거가 있다.
  나는 오늘 삶의 양극단이 아니라 중간 영역에 있을 때 마음이 평화로워진다는 사실을 받아들였다. 좋음과 나쁨으로 나를 평가할 수 없다. 나는 이대로도 매우 괜찮다.

부정적 사고방식 식별하기 2

- 고정된 사고방식 고수하기: 당위적인 단어들을 사용하는가?

활성화하기

- 상황: 나는 한 달 동안 친한 친구 두 명의 결혼식과 베이비 샤워에 참석했다.
- 부정적 사고: 친구 모두가 결혼했고 아이를 가졌다. 여자 나이 서른두 살이면 이미 결혼을 해서 가정을 이루었어야 한다. 하지만 나는 너무 늙었고 이제 절대로 이상형을 만나지 못할 것이다. 모든 남자는 어린 여자를 원한다. 나는 영원히 혼자일 것이다. 부모님의 말씀을 듣고 법학대학원에 가지 말았어야 했다.

대체 사고

- 대응하기: 잠시 생각을 멈추어라. 도대체 누가 서른두 살이 결혼하고 아이를 갖기에 너무 늦었다고 말하는가? 그리고 어디에 서른둘이 되면 결혼해야 한다고 적혀 있는가? 요즘 시대에는 여성이 40대에 결혼하고 아이도 갖는다. 나는

항상 혼자일 거라고 말하는 것은 진실일 수 없는 '당위적' 문장일 뿐이다. 또한, 변호사가 된 것은 나의 오랜 꿈이었기 때문이다. 야망이 있는 것이 잘못은 아니다.

부정적 사고 패턴 확인하기 3
결과 중심적으로 상황을 통제하려는 시도: 완벽해지거나 사람들을 만족시키려고 노력하였는가? 혹은 미래에 대해 걱정함으로써 좋은 결과를 얻으려 하였는가?

활성화하기
- 상황: 오늘 아침 직장에 도착했을 때, 상사가 화난 것 같았다.
- 부정적 사고: 아마 내가 성과를 제대로 내지 못해서 나에게 화가 났을 것이다. 이제 나는 형편없는 평가를 받아 승진에 실패하거나 해고당할 것이다. 내 삶은 끝났다.

대체 사고
- 대응하기: 잠시 시간을 가져라. 일에서 완벽할 수는 없다. 하지만 나는 최선을 다했다. 승진하지 못한다 해서 그것으로 내 인생이 끝났다는 의미는 아니다. 인간으로서 자존심은 업무에 좌우되지 않는다. 나는 다른 많은 면에서 이미 아주 훌륭하다. 또한, 상사가 나에게 화가 난 것인지 어떻게 확신하겠는가? 나는 상사의 기분을 내가 원하는 대로 통제할 수 없다. 그렇게 우월한 능력을 갖추고 있지도 않다.

- 날짜 / 시간:

- 상황:

- 부정적 사고:

- 나의 반응:

기억하라. 완벽해지는 것이 아니라 발전하는 것이다. 3, 4, 5장에서 주어진 연습 과제들을 다시 해보면 대체 사고를 만드는 데 도움이 될 것이다. 일반적으로 잡혀 있는 사고를 특별한 상황에서 세부적인 내용을 포함하는 사고로 확장 시킬 필요가 있다. 추가로 7장을 검토해보는 것도 도움이 된다.

고유 현실에 대한 대체 사고를 형성할 수 있는 더 깊고 세세한 예시가 나와 있기 때문이다. '생각 일기의 연습 과제 2'에서 위의 세 가지 범주에 대한 세 가지 상황과 각각에 대한 부정적인 사고의 예를 들어보겠다.

불안을 일으키는 생각 무너뜨리기

지금까지 부정적 사고를 구별하고, 대체 사고를 할 수 있는 기술을 두 가지 훈련을 통해 연습했다. 이제 불안을 더욱 효과적으로 감소시킬 수 있는 더욱 편리한 방법을 사용해보자. 이 훈련은 필자의 내담자들이 가장 자주 사용하는 믿을 수 있는 기본적인 연습 과제이다. 누구든지 빈칸을 쉽고 빠르게 채워 넣을 수 있으며 어떤 사고든 쉽게 이해할 수 있다. 다섯 단계로 나뉘는 이 연습 과제는 여러분이 근거를 가지고 사고하도록 하여 순간적으로 나타나는 증상들을 줄일 수 있도록 돕는 가장 효과적인 방법이다.

이런 방법으로 불안을 일으키는 생각을 무너뜨리면 그 생각의 부정적인 뜻을 해제하고 그것이 허구임을 발견할 수 있다. 결과적으로 시간이 흐르면서 여러분의 사고 패턴을 멈추게 하고 감정을 빠르게 진정시킬 것이다. 또한, 자신을 불안하게 만들지 않고 자신에게 동기를 부여한다.

이 훈련은 사전 평가와 사후 평가라는 두 가지 새로운 항목이 추가됐다. 사고를 무너뜨리기 위한 사전 평가 단계에서는 1에서 10점 중 스스로 자신의 불안 레벨에 점수를 매긴다. 1점은 매우 낮은 불안, 10점은 매우 높은 불안이다. 사전 평가에서 점수를 매기면 연습 과제를 통해 나의 불안 수치가 감소하는 것을 눈으로 볼 수 있다. 사후 평가 단계에서는 새로운 대체 사고를 발전시키고 난 후 다시 불안 레벨에 점수를 매겨 본다. 연습 과제를 모두 끝냈을 때, 사전 평가와 사후 평가 점수가 감소하는 것을 볼 수 있을 것이다. 'SNARE'라는 약어를 사용해 다섯 개의 부분으로 이루어진 연습 과제로 여러분의 사고를 분석해 보라.

Situation: 상황

Negative thought: 부정적 사고

Assessment: 사전 평가

Replacement thought: 대체 사고

Evaluation: 사후 평가

상황(S): 불안을 일으켰던 실제 상황이나 사건을 적어라. 실제로 일어난 일이어야만 한다. 또, 그 상황에 대해 자신의 개인적 의견이나 해석 혹은 평가를 포함해서는 안 된다. 오로지 객관적인 사실로 '고속도로가 막혀서 고객과의 약속에 늦었다' 같이 가능한 한 간단하게 써라.

부정적 사고(N): 위의 상황에 대해 마음속에서 순간적으로 일어난 부정적 사고를 적어라. 이전 연습 과제 때처럼 부정적인 사고는 세 가지 부정적 사고방식을 활용하거나 한 가지 혹은 세 가지 모두 포함할 수 있다. 상황이 아니라 불안감에 초점을 맞추고 있어서, 부정적인 사고를 적을 때 할 수 있는 최대한 여러분의 해석을 추가하기를 바란다. 즉, 최대한 비이성적으로 여러분이 생각할 수 있는 가장 두려운 생각을 끝까지 끌어올려라. 터무니없게 들릴 정도로 그 과장에 가속도가 붙으면 좋다. 사고가 불합리할수록 그것의 힘과 진실성을 분리해 낼 수 있다. 예를 들어,

"나는 항상 늦어. 고객은 나를 존중하기는커녕 무책임하고 한심한 사람으로 생각할 거야."

그러고 나서 다음에 어떤 일이 벌어질지 자신에게 물어보라.

"고객이 나를 존중하지 않고 무책임한 사람으로 본다면, 나는 모욕감을 느낄 것이고, 좋지 않은 평가를 얻어 직업을 잃고 말 것이다."

그 이후의 상황도 극단적으로 상상해보라.

"만약 내가 직장에서 해고된다면, 아내는 나를 떠날 것이고 나는 혼자가 될 것이다."

그다음 상황은 어떨까?

"만약 아내가 나를 떠나고, 새 직장에 들어가지도 못한다면 나는 모든 것을 잃을 것이다. 나는 노숙자가 될 것이고, 결국 행방불명되어 아마도 이른 죽음을 맞게 될 것이다."

이렇듯 마지막 대답은 명백하게 극단적이고 반사적이며 황당하기까지 하다. 이렇게 연습 과제에 기록하라. 필자가 환자들에게 지금 설명한 대로 부정적인 사고를 완전히 황당할 정도로 과장하고 확장해 보라고 하면, 대부분 너무 두려운 마음이 들어 하지 않으려고 한다. 부정적 사고를 의심할 바 없는 상태로 두는 것이 문제이다. 그 때문에 필자는 부정적인 사고를 과장하는 과정이 매우 중요하다고 본다. 혼자 죽거나 일찍 죽는 것은 가장 극단적인, 부정적 사고의 최후 결론의 흔한 주제이다. 그 사고를 의심하지 않고 그대로 두는 것은 그것이 나의 마음속에서 사라지지 않은 채 악화하고 손대지 않은 위험한 상태로 남아있게 한다. 필자는 그래서 그것들을 그냥 두지 말고 원인을 찾아서 없애 버리라고 조언한다.

약속에 늦었다는 것에서 시작해 소중한 것들을 모두 잃을 수 있다는 것으로 자신이 터무니없이 비약하고 있다는 것을 인식하면 바로 그 순간이 전환점이 된다. 전환점이 명확해지면, 사고를 합리적으로 재구성하여 새로운 사고가 진행될 수 있다. 말도 안 될 만큼 지나친 비약임을 스스로 알게 되면, 비이성적인 사고 가운데 균형 잡힌 사고가 존재한다는 것을 깨닫는다. 따라서 이 연습 과제는 더욱 비합리적으로 사고할수록 효과적이다.

사전 평가하기(A): 잠시 멈추고 5분 규칙을 사용해 부정적인 생각을 되돌아보라. 그리고 1부터 10 사이의 점수로 불안을 평가해 보라. 불안을 측정하는 것은 불안이 어떻게 사고에 따라 증가하고 감소하는지 관찰할 수 있도록 해준다. 예를 들어, 고속도로 정체로 중요한 약속에 늦게 되어 여러분의 소중한 것들을 잃는다고 가정하자. 이때 불안 등급은 최소 8이나 9 정도일 것이다. 다시 생각해 보거나 5분 규칙을 사용했을 때 단순히 차량 정체를 겪는 것만으로 불안감이 높아졌다면 그것은 늦는 것에 대한 두려움 이상의 무언가가 있다는 의미이다. 이런 통찰이 바로 대체 사고, 즉 다음 단계를 위한 도약이 된다.

대체 사고(R): 대체 사고를 구성하여 그간 고수했던 사고방식을 무너뜨리는 것은 가장 힘든 과정이다. 하지만 지금까지 우리는 이성적 사고를 형성하고, 자신만의 고유 현실을 만드는 과정을 진행했다. 대체 사고는 이성적이고 큰 그림으로 상황을 판단하는 것이다. 이 사고는 불안을 진정시키고 커지는 비합리적인 신념(부정적 사고)에 도전한다. 그래서 가장 어려운 단계인 것이다. 처음에 여러분은 자신의 이성적 사고를 떠올리며 투쟁할 것이다. 여기서 좋은 팁 하나를 알려 주자면 가까운 친구를 돕는다고 상상해보자. 만약 가까운 친구가 여러분과 똑같은 상황에 부닥쳐 부정적인 사고를 하고 있다면 여러분은 그 친구에게 뭐라고 말할 것인가? 아마도 여러분 자신에게보다는 합리적인 사고와 친절한 태도로 반응할 것이다. 이처럼 친구가 차량정체로 약속에 늦어 괴로워한다면 그 친구에게 어떻게 이야기해주고 싶은지 떠올려 보라.

"중요한 약속에 늦고 말아서 나는 직장에서 해고될 거야. 아내도 나를 떠날 테고 나는 모든 것을 잃게 되겠지. 노숙자가 되고 행방불명이 되어 아마도 일찍 죽게 될 거야."

이런 사고를 하는 친구에게 여러분은 친절한 마음과 연민을 가질 것이다. 그리고 머릿속에 떠오른 대체 사고를 제안할 것이다. 이 친구에게 마음을 쓰고 있다면 친구가 한결 마음이 편해지도록 더욱 합리적인 사고를 제안할지도 모른다. 즉, 선천적인 도덕심으로 친구가 더욱 좋은 이미지를 갖도록 돕는다는 뜻이다.

대체 사고의 예는 다음과 같다.

"잠깐! 좀 진정해 봐. '모든 것을 잃는다'라는 것은 사실이 아니야. 그건 불안감이 너에게 하는 말이지, 실제로 약속에 늦는다고 해서 반드시 부정적인 결과가 생기지는 않아. 휴대전화로 전화해서 예상치 못한 교통 체증이 있었다고 알려 줄 수 있어. 그리고 약속에 늦은 게 아내가 떠나거나 네가 죽는 것과 아무런 상관이 없어."

사후 평가하기(E): 이 단계는 대체 사고를 받아들인 후 자신의 감정을 평가하는 단계이다. 불안을 다시 1부터 10 사이로 측정하라. 이후 사고 자체의 전체적인 변화를 결론지어 보라.

- 이제 그 상황에 대해 어떤 생각이 드는가?
- 큰 관점에서 보았을 때 그 상황이 어떻게 보이는가?

예를 들어, 평가는 아래와 같을 것이다.

불안 레벨이 7에서 살짝 낮아졌다. 만약 내가 조금 늦는다면 다시 불안감을 느끼겠지만 이제 부정적 사고를 구별하여 좀 더 나은 방법으로 관리할 수 있을 것 같다. 내가 과잉 반응하고 작은 것을 확대하는 경향이 있다는 것을 깨달았으니, 5분 규칙을 더욱 자주 사용하고 불안으로 치닫기 전에 잠시 멈추는 시간을 가져야겠다.

다음은 사전 평가와 사후 평가 항목을 포함한 SNARE 기법 연습 과제이다. 매일 여러분에게 일어나는 모든 것을 기록하라. 세 개의 서로 다른 상황들을 적는 것으로 시작하라. 또한, 상황을 기록할 때, 각 상황에 맞게 단계적으로 작성하라. 예를 들어, '상황 1'과 관련된 모든 단계를 적고, '상황 2', '상황 3'에서도 같이 반복하라. 연습 과제에서 주어진 상황1은 여러분의 사고 연습을 위한 가이드라인이다.

대체 사고 - 부과와 평가
SNARE 기법

- 상황(S): 스트레스나 불안을 일으키는 사건이나 상황, 단지 일어난 사실만을 객관적으로 기술하라

  1. 예제: 나는 고속도로에 갇혀있고 약속에 늦을 것이다.

  2.

  3.

- 부정적 사고(N): 그 상황에 대해 당신에게 순간적으로 떠오른 부정적 사고를 적어라. 부정적 사고가 터무니없이 들릴 때까지 그것을 과장해라.

  1. 예제: 약속에 늦는다면, 나는 해고되고 모든 것을 잃게 될 것이다. 나는 일찍 죽게 될 것이다.

  2.

  3.

- 사전 평가(A): 부정적 사고 때문에 여러분이 느낀 감정은 무엇인가? 심사숙고 하고 점수를 매기기 위해 5분 규칙을 사용하라. 1부터 10까지의 점수 중에서 점수를 측정하라.

  1. 예제: 나는 두렵고 불안하다. 나의 불안은 9이다.

  2.

  3.

- 대체 사고(R): 부정적 사고에 도전하는 이성적인 대응을 해보라. 여러분의 친구가 만약 같은 상황에 놓여 있다면 어떤 충고를 해줄 것인가?

1. 예제: 잠깐 생각을 멈춰! 늦어진다는 것은 때로 삶에서 피할 수 없는 부분이고, 오늘이라고 예외는 아니야. '모든 것을 잃는다'라는 것은 비합리적인 말일 뿐이야. 전화해서 상대방에게 내가 조금 늦을 거라고 알려 줄 수도 있어. 그리고 우리는 이 상황이나 시간을 통제할 수 없어.

2.

3.

• 사후 평가(E): 대체 사고를 적용한 후 여러분의 불안 레벨점수를 매겨 보라. 몇 점 줄 수 있는가? 이제 자신의 부정적 사고에 대해 어떻게 생각하는가?

1. 예제: 좋다, 여전히 불안이 높지만 7 정도로 줄었다. 5분 동안 고민하니 불안감이 감소했다. 내가 너무 빨리 상황에 대응하려고 한다는 것을 깨달았다.

2.

3.

이제 여러분은 자신의 부정적 사고를 구별하고 분석하여 감소시킬 도구를 갖게 되었다. 이 도구로 자신이 할 수 있을 때마다 최선을 다해서 적어도 몇 개월 동안, 이 연습 과제를 채워라. 그리고 자신의 불안을 측정하는 데 주의를 기울여보라. 시간이 지날수록 처음보다 불안이 점점 낮아질 것이다. 혹시 한번 대체 사고를 하기 시작하면 그 대체 사고가 불안을 감소시키는 시간이 단축되지 않았는가? 연습 과제를 작성할 수 있도록 시간을 현명하게 계획하는 것도 매우 중요하다. 이 장 뒷부분에 나올 '하루 의무 기록표'를 사용하는 것을 추천한다.

책임감 키우기

매일 스스로에 책임감을 느끼는 것은 불안을 줄이는 또 다른 중요한 과정 중 하나이다. 책임감을 느끼는 것은 나의 시간과 에너지를 현명하게 계획하여 스스로 인생을 책임지는 시간을 가지게 한다. 진부하게 들릴지도 모르지만, 불안으로 힘들어하는 내담자들을 오랫동안 치료하면서 그들의 불안 증상이 계획과 일상의 의미 있는 행동에 관련되었다는 사실을 알게 되었다. 앞서 6장에서 나의 선택을 어떻게 책임질 것인가에 대해 논의했는데, 여기서는 그 선택에 대한 책임감을 느끼게 하여 미래에 대한 죄책감이나 후회를 없애도록 돕겠다.

책임감을 느끼는 것은 다른 사람이 나 대신 뭔가를 해줄지도 모른다는 기대를 하지 않도록 한다. 또한, 기적 같은 상황이 생겨서 나의 상황이 나아질 거라는 환상에 기대지 않게 돕는다. 자신에게 책임감을 가지면, 여러분은 여러분 자신을 믿고 의지할 수 있어 더욱 힘이 생긴 듯한 느낌을 받는다. 여러분도 알다시피, 불안한 마음에 있어서 휴식 시간은 부정적인 생각이 자랄 만한 비옥한 토양이 될 수 있다.

건강한 몰입은 통제할 수 없는 것들에 과도하게 집착하는 것을 방지한다. 하지만 건강하지 않은 방식의 몰입은 큰 혼란을 가져다준다. 불필요하게 죽음에 집착하거나 모두 언젠가는 죽는다는 사실에 충격받는 것이 그것이다. 우리는 죽음을 통제할 수 없다. 따라서 살아가는 동안 자신이 통제할 수 있는 부분에 초점을 맞추어야 한다. 여러분의 삶을 계획하고 구조화할 때, 여러분의 불안은 통제될 수 있다.

다음 연습 과제는 여러분의 하루하루를 조직화하여 권태나 죽음과 관련한 비이성적인 행위에 빠지지 않도록 도와준다. 매일 잠들기 전 저녁마다 '하루 의무 기록표'를 통해 내일 무엇을 할지 시간 단위로 계획해보라. 직업이 있거나 학생이라면 낮 동안 무엇을 할지 대강 알 것이다. 그렇다면 저녁에 무엇을 할지 계획을 세워라. 만약 현재 일하지 않거나 학생이 아니라면, 조금 다른 것에 초점을 맞추어야 한다. 여러분이 할 수 있는 최선으로 시간 단위 계획을 세워라. 무엇을 해야 할지 생각나지 않는다면 여러분이 하고 싶은 것 혹은 시작하고 싶은 것들에 대해 계획하라. 그것들을 써 내려가면 자신의 일상에 책임감이 생기고 실제로 그것을 하게 될지도 모른다. 산책하거나, 친구를 만나 차를 마시거나, 장을 보러 가거나, 빨래하고 집을 청소하거나, 영화를 보러 가는 것들을 생각해 볼 수 있다. '생각 일기의 연습 4에 자신의 계획을 적어라. 월요일 예제를 가이드라인으로 참고하여 아침부터 저녁까지 하루의 일과를 적어보기 바란다. 이 연습 과제로 일상이 구조화되었다고 느끼면 불안은 자연스레 줄어들 것이다.

하루 의무 기록표: 연습 과제 4

월요일 (예)

〈오전 9시〉
- 활동: 근처 공원에서 강아지와 30분간 산책하기
- 작업/가사일: 없음

〈오전 10시〉
- 활동: 없음
- 작업/가사일: 창고를 청소하여 공간 마련하기

〈오전 11시〉
- 활동: 친구와 만나 차 마시기
- 작업/가사일: 없음

〈오후 12시〉
- 활동: 없음
- 작업/가사일: 친구와의 만난 후에 컴퓨터로 과제 하기

Chapter 12

마음 챙김
명상 훈련

"발견을 위한 진정한 항해는
새로운 풍경을 찾는 데 있는 것이 아니라
새로운 시각을 갖는 데 있다"

– 마르셀 프루스트

불안과 화해하여 싸움을 멈춘다는 것은 수년 전 알게 된 '마음 챙김 명상'에서 사용한 개념이다. 필자가 처음에 이 개념에 대해 알게 되었을 때, 말도 안 되는 터무니없는 것으로 생각했다. 남들이 자신의 불안과 화해할 수 있을지 몰라도 나는 아니었기 때문이다. 나는 나 자신이 남들과 달리 특별하다고 여겼다. 불안을 굴복시키기에는 그것이 너무나 강렬했다. 게다가 이 전쟁을 포기하고 불안에 항복한다면 더욱 크고 위협적인 불안감이 나를 공격하고 사로잡을 것이며, 결국 나 자신을 완전히 무능하게 만들 거라고 굳게 믿었다. 미쳐서 이성을 잃게 될 바에 내 안에 빈약하게나마 남아있는 온전한 정신을 붙잡는 편이 더욱 안전하리라 생각했다. 하지만 매일 힘겹게 매달린 채로 소모적인 노력을 쏟아붓는 게 나 자신을 더욱 힘들게 한다는 것을 깨달았다.

불안의 나쁜 점 제거하기

몇 년 후, 명상을 실행하는 과정에서 항복한다는 것이 내 자신을 포기하거나 불안이 나를 압도하도록 두는 것이 아님을 알게 되었다. 짧은 시간 동안 불안 상태에 머무르면 고통을 견디는 것처럼 증상에 대한 내성을 강화할 수 있다는 것을 배웠다. 불안에 익숙해지는 것은 뇌가 두려움에 익숙해진다는 것을 의미하고, 또한 두려움의 강도가 줄어들 수 있다는 것을 의미한다. 나의 증상이 편안해지는 것은 감정적 내성을 기르는 데 도움이 되었고, 고통의 한계를 높이는 데에도 효과적이었다. 또한, 손을 떼고 항복한다는 것이 나를 버려둔다는 의미가 아니라는 것도 깨달았다. 합리적인 방법을 사용하면서 불안과 함께 잘 지낼 수 있고 무언가 다른 것을 시도해도 괜찮다는 것 또한 배웠다. 나는 더 불안과 싸울 필요가 없었다. 불안을 키우지 않고 불안에 힘을 부여하자는 생각도 많은 도움이 되었다. 그 생각을 통해 매일 겪는 일상 속 불안이 그리 중요하지 않다는 것을 믿게 되었다. 불안은 우리의 일부분이며 마음이 불안할 때는 불안과 싸우지 말고 지나가도록 기다려야 한다.

페마 초드론은 《모든 것이 산산이 부서질 때When Things Fall Apart》에서 두려움과 싸워야 했던 어린 전사에 관한 이야기를 했다. 그 전사는 두려움과 싸우기를 원하지 않았지만, 그녀의 스승은 그녀에게 싸우라고 강요했다. 전투가 시작되기 전, 그녀는 두려움 앞에서 작아지는 것을 느꼈다. 그 거대한 두려움이 그녀에게 화를 내는 것처럼 보였기 때문이다. 그녀는 전투에 앞서 싸워도 되는지 허락을 구했다. 두려움은 그녀가 허락을 구하며 존중을 표현한 것에 대해 고마워했다. 전사는 어떻게 두려움을 물

리쳐야 하는지 물었다. 두려움은 용기를 잃게 되면, 자신이 시키는 대로 무엇이든 하게 될 것이라고 말했다. 하지만 두려움이 시키는 것을 하지 않으면, 자신은 어떠한 힘도 없다고 덧붙였다. 아이러니하게도, 그 어린 전사는 두려움과 싸우지 않고 두려움을 무찔렀다. 그녀는 무기를 내려놓고, 전투를 시작하는 대신 두려움이 말하는 것을 듣지 않는 것을 택했다. 이 이야기는 필자가 두렵고 불안한 감정을 갖기 시작한 내담자들에게 권하는 내적 대화와 비슷하다. 자신의 사고에 대응하는 게 그것으로부터 도망치는 것보다 훨씬 낫다. 이전 장에서 본 대로, 내적 대화는 여러분이 여러분 자신의 사고로부터 희생되는 것을 보호해주며, 그 사고에 대한 권한을 가질 수 있도록 도와준다. 평화를 추구하는 전략으로 주요 갈등을 성공적으로 해결함으로써 전사는 많은 희생을 치러야 하는 길고 긴 전투를 피할 수 있었다.

이처럼 불안을 통제하는 것이 반드시 투쟁일 필요는 없다. 때로는 손을 떼고 항복하는 것도 하나의 방법이 될 수 있다. 사건을 다른 시각으로 보면서 불안을 완화할 수 있다는 가능성에 전념한다면, 그에 대한 잠재적인 결과는 무궁무진할 것이다. 좋은 목표를 세운다는 것은 싸우거나 포기하는 것이 아니다. 대신, 같은 감정을 새로운 시각으로 바라보는 것이다. 웨인 다이어Wayne Walter Dyer*는 "당신이 사물을 보는 방식을 바꿀 때, 당신이 바라보는 사물도 바뀔 것이다"라고 말했다. 여러분이 두려움이나 불안을 보는 방식을 바꾼다면 그 감정들도 바뀌기 시작할 것이고,

여러분도 한결 편안해질 것이다.

항복하기

심리치료사로서 필자는 내담자들이 자아실현에 이르는 길을 찾고 계속 머무를 수 있도록 안내한다. 모든 사람이 이 목표를 실현할 수 있다고 믿기 때문에, 그들 삶의 여정의 촉진자로서 불안이나 두려움을 포함한 장애물을 어떻게 없애야 하는지 돕고 있다. 성장에 걸림돌이 되는 어떠한 부정적 행동에는 이를 제거할 수 있는 용기가 필요하다. 그런 이유로 항복은 합리적인 전사가 되는 과정에서 빠져서는 안 된다.

여러분은 여전히 벗어나려고 투쟁하고 있는 과거의 부정적 행동에 항복할 필요가 있다. 그 부정적 행동이 여전히 여러분에게 안전이나 보안에 대한 착각을 가져다주기 때문이다. 항복하기를 원하는 사람은 없을 것이다. 하지만 여러분이 편안해지기 위해서 항복은 필수라는 점을 기억하라.

이런 관점에서 항복은 포기하거나 패배를 인정하여 어떻게

---

* 웨인 다이어Wayne Walter Dyer: 세계적인 베스트셀러 작가이자 가장 뛰어난 자기계발 전문가로 평가받는 심리학자이다. 대표 저서로는 《행복한 이기주의자》가 있다 ─옮긴이 주

흘러가든 현실에 타협하겠다는 것을 의미하지 않는다. 또한, 굽실대며 복종하는 모습으로 다른 사람이 여러분을 통제하려는 것을 의미하지도 않는다. 그저 단순히 비참한 싸움을 끝내고 불안과 화해하는 것을 택하는 것뿐이다. 동시에, 여러분의 목표가 성장하는 것을 포기하지 않고 불안이 여러분을 지배하지 않도록 하는 것이다.

어린 전사가 용기를 내 무기를 내려놓고 항복한 것처럼, 여러분도 해낼 수 있다. 항복은 합리적인 문장을 사용할 때 효과적일 수 있다. 합리적인 방식으로 항복하고, 미지의 영역으로 접근하기 위해 다음의 문장을 소리 내어 읽어라. 이를 통해서 나에게 유리한 방향으로 어떻게 항복해야 하는지 자신을 스스로 돕도록 하라. 이 문장은 여러분의 불안을 합리적인 방식으로 바라볼 수 있게 한다. 필요한 만큼 이 문장을 자주 사용하라. 자신에게 정말로 효과가 있다면, 그것들을 따로 적어 자주 볼 수 있는 곳에 두어라.

- 가끔 불안을 느끼는 것은 괜찮다.
- 경계를 내려놓고 불안을 다룰 수 있다고 믿어도 괜찮다.
- 때때로 불안해지는 것은 감정적인 내성을 기르는 데 도움이 된다.
- 불안이 나에게 말하는 것을 들을 필요는 없다.
- 안전하다고 느끼기 위해서 나의 환경을 통제할 필요는 없다.

- 불안을 느끼는 것은 불안과 대화를 시작할 수 있다는 기회를 의미한다.
- 불안해할 때마다, 감정적인 사고 대신 이성적인 사고를 유지할 것이다.
- 불안이 계속 흘러가도록 둘 것이다.
- 나의 모든 생각을 전부 믿지 않으려고 노력할 것이다.

자각하기

필자가 불안을 깊이 자각했던 시기는 20대 초반, 심리 치료를 시작한 직후였다. 당시 나의 불안은 극심한 편으로 점수로 따지자면 7에서 7.5 사이였다. 일은커녕 원하던 작업도 할 수 없었다. 삶의 질이 매우 낮았다. 그때는 몰랐지만 이상 행동의 주요 원인은 너무나도 절박하게 나의 증상에 저항했기 때문이었다. 나는 어떤 불안 증상도 피하고자 전력을 다했다. 고통에 대한 내성의 한계가 매우 낮았다. 계속해서 "나는 참을 수 없어. 참을 수 없다고!"라고 외쳤다. 불안을 완화하는 수단 중 하나로서 내려놓는다는 개념을 알지 못했고, 계속 그 싸움을 이어나갔다. 나 자신으로부터 도망치는 것 같았지만 실제로 멀어진다는 근거는 없었다.

심리 치료를 받던 어느 날, 불안 수치는 전날 밤 아버지와의 살벌한 대화 이후 10점에 육박했다. 그 시절 나는 아버지의 분노에 대항할 만한 나만의 의견을 갖지 못했다. 억압된 분노는 불안으로 바뀌었다. 고조되는 불안과 고민을 안고 상담실로 천천히 들어갔다. 매우 불안하고 마음이 어지러웠으며, 손톱을 물어뜯기 시작했다. 공황 상태가 정말 심할 때면 몇 분 동안 상담실에 머물지 못하고 밖으로 나와 바람을 쐬었는데, 때로는 상담실에 돌아가지 않고 심리치료사에게 전화를 걸어 사정을 봐달라며 사과하고는 했다.

상담실을 들락날락하던 어느 날, 치료사는 상담 전략을 바꾸었다. 나의 고통을 들어보고는 "당신이 오늘 '그것'을 시도해보면 좋겠다"라고 제안했다. 그동안 그녀는 내가 준비되어 있지 않다는 걸 알았기 때문에 이전에는 한 번도 그 행동을 요청한 적이 없었다.

아마 그때가 적당한 타이밍이라고 판단했던 것 같다. 그녀에게 그런 말도 안 되는 생각을 제안한 것에 대해 미치지 않았냐고 물었지만, 그녀는 친절하고 정중하게 나의 반응을 무시하고 다시 제안해왔다. 그러면서 나는 불안과 마주하는 것을 계속 피해왔다는 사실을 깨달았다.

나의 본능은 항상 그래왔던 대로 "도망쳐"라고 소리쳤다. 하지만 어쩐 일인지 '불안에 직면하라'라는 문장이 마음 한구석에 떠올랐다. 나는 이유도 모른 채 그 자리에 얼어붙어서 망설이고 있었다. 그날 느낀 강한 불안을 견딜 수 없어 끊임없이 동요했던 것 같다. 문밖으로 뛰쳐나갈까, 안에 머무를까 계속 고민하다가 어쩔 수 없이 상담실 소파로 돌아가 앉았다. 이 상담실에서 어떻게 죽어갈지도 모른다는 온갖 비극적인 생각이 소용돌이쳤다. 나 자신이 극단으로 치닫고 있는 느낌이었다. 두려움과 공포에 완전히 압도당해 버린 것이다. 그때 치료사의 목소리가 다시 들렸다. 그녀는 이렇게 말했다.

"지금, 이 순간부터 자신이 달라지길 바라는 것은 당신을 더욱 고통스럽게 할 뿐입니다. 아무렇지 않게 그 불안을 바라보세요. 이 순간, 단지 이 순간만은 당신이 불안하다는 것을 받아들여요."

그녀는 잠깐 멈추더니 다시 덧붙였다.

"눈을 감고 할 수 있는 한 오래 자신의 호흡에 집중해 보세요. 호흡에만 신경 쓰는 거예요. 할 수 있겠어요?"

내 안은 소용돌이치고 있었지만, 그녀를 믿었기에 버틸 수 있었다. 잠깐, 그녀가 요청한 대로 모든 것이 흘러가도록 내버려 두었다. 무기를 내려놓고 몸을 맡긴 것이다.

조금씩 나를 내려놓고 불안에 항복하는 것이 그때 내가 할 수 있는 전부였지만, 그게 불안의 실마리를 찾는 방법이었다. 호흡 훈련을 통해, 즉 들이마시고 내쉬는 과정에 집중하는 것이 사고를 전환하는 데 매우 결정적으로 작용했다. 심호흡은 도망치고 피하려는 부정적인 느낌에서 해방할 만큼 내 생각의 폭을 넓혀 주었다. 그 작업은 쉽지 않았지만 나는 인내하며 계속했다.

약 10분간의 호흡 훈련을 하자, 불안은 5로 떨어졌다. 증상으로 인해 진이 빠져 녹초가 되었지만, 무언가는 변했다는 사실에 보상을 받은 듯한 느낌이 들었다.

그 후 몇 달간 불안을 느끼든 상관없이 상담실에서 호흡 훈련을 계속했다. 집에서도 하기 시작했다. 불안에 대한 저항이 나의 증상을 악화시킨다는 깨달음은 너무나 강렬했다. 치료사는 날뛰는 사고의 템포를 늦추며 불안에 도망치지 않고 그것을 효과적으로 다룰 수 있도록 도와주었다. 나는 불안을 다루는 새로운 과정을 받아들였다. 이야기 속 어린 전사처럼 늘어나는 나의 불안을 본능이 시키는 것과 반대로 대처했고, 곧 불안과 화해할 수 있었다. 내 인생에서 절대로 잊을 수 없는 결정적인 순간이었다. 어떤 의미에서는 나에 대한 자각이었다.

마음 챙김 명상 훈련

여기서는 영성을 통해 여러분의 의식을 확장할 수 있도록 마음 챙김 명상 훈련을 공유하고자 한다. 반복하여 연습한다면 여러분이 필요로 하는 순간에 큰 도움이 될 것이다. 이 훈련은 또한 불안과 화해하는 또 다른 단계이다. 이 훈련은 이전에 배웠던 대체 사고를 사용한다. '마음 챙김 명상mindfulness meditation 훈련'을 통해 의식의 깊은 부분을 개방할 수 있기를 바란다.

이 훈련을 매우 큰 불안감을 느끼거나 스트레스를 받았을 때만 사용하지 마라. 오랫동안 스스로 마음을 알아채는 데 목적이 있으므로 규칙적으로 해야 할 필요가 있다. 많은 연습만이 여러분에게 필요한 '자기 조절' 혹은 '자기 이완'을 가능케 도와줄 것이다. 운동하기 위해 매일 헬스장에 간다고 생각하라. 이 훈련은 또한 정해진 장소가 아닌 집이나 사적인 장소 어디서든 할 수 있다. 규칙적으로 이 훈련을 하면 일상적인 불안의 기준선을 낮출 수 있다. 불안으로 힘들어할 때 보통 불안의 기준선은 7에서 9점 사이이다.

기준선을 4 혹은 5점 정도로 낮추는 것이 가장 현실적인 방향이다. 명상 훈련을 하루에 한 번, 되도록 아침에 하도록 노력하고 하루가 어떻게 흘러가는지 살펴보라. 조만간 삶을 방해하는 스트레스 요인에 대해 좀 더 편안해지고 부담을 적게 느낄 것이다. 이 훈련은 15분에서 20분을 넘기지 말아야 하는데, 실제로 해보면 그 정도로 시간을 많이 빼앗지도 않는다.

집 혹은 직장 등 잠시만이라도 방해받지 않는 조용한 곳에서 명상을 시작하라. 먼저 등을 벽이나 의자에 기대 똑바로 세우고, 팔과 손은 무릎이나 편안한 위치에 두어라. 의자나 소파에 앉아 있다면 바닥에 누워 있다고 상상하라. 바닥에 앉아있다면 다리를 접고 편안히 앉아라. 시작하기 전에 '현재 나의 불안은 _점이다'라고 현재 불안 지수를 측정한 뒤 눈을 감아 본격적인 훈련에 돌입하자.

호흡

명상의 첫 번째 단계는 호흡을 조절하는 것이다. 아마도 여러분은 한 번도 자신의 호흡에 주의를 기울여 본 적이 없을 것이다. 오른손으로 배를 감싼 채로 느리고 깊게 복식호흡을 하라. 충분하다고 느낄 때까지 할 수 있는 한 배에 숨이 가득 차도록 들이마셔라. 그런 후에 배와 가슴이 부풀어 올려놓은 손이 함께 움직이는 것을 느껴 보아라. 5초 동안 호흡을 멈추었다가 입을 통해 천천히 내쉬어라. 이 과정을 다섯 번 반복하면 된다.

복식호흡을 할 때마다 눈을 감고 배와 가슴이 리드미컬하게 움직이는 것에 집중하라. 자신을 외부에서 객관적으로 바라본다고 생각하면 될 것이다. 천천히 공기가 코를 통해 폐로 들어가는 것을 느끼고 여러분 자신이 몸으로 들어가는 공기라고 상상해보라. 이 훈련의 목적은 신체에 대한 자각을 도와 편안한 호흡에 모든 신경을 집중하는 것이다.

호흡같이 단순한 것에 집중하는 게 지루해 보일 수 있지만, 신경을 집중하는 호흡은 생각의 속도를 완화할 수 있다. 여러분의 마음을 즉시 진정시키는 데에 도움이 되며, 여러분은 호흡을 의식하기만 해도 안정을 찾을 것이다. 숨을 내쉴 때 자신의 부정적인 사고를 내보내고 들이쉴 때 긍정적인 사고를 들여온다고 상상해보자. 마음이 산란하고 호흡이 흐트러지면 잘못된 것은 없다는 사실을 기억하라. 집중이 흐트러지면 다시 호흡에 집중하라. 마음을 다시 집중시킬 때마다 집중력은 커지고 마음은 점점 더 강해질 것이다.

여러분의 생각을 손에 묶여있는 헬륨 풍선으로 상상해보라. 줄을 느슨하게 하면 풍선은 둥둥 떠다닐 테지만 여러분이 원하면 바로 다시 끌어올 수 있다. 호흡도 마찬가지이다. 풍선이 떠다니고 여러분이 그것을 다시 잡아당기는 것. 다시 떠다니고 다시 잡아당기는 것. 여러분은 사고가 호흡으로부터 흩어질 때마다 그것을 다시 가져올 수 있다. 이것이 바로 이 훈련에서 해야 하는 일이다.

긍정적 사고

다섯 번 복식호흡을 할 때 각 회가 끝나면 다음 문장을 상기하라. 마지막 내쉬기를 하면서 나지막이 아래의 항복 선언을 자신에게 속삭여라.

이 순간 나는 싸움에서 손을 떼겠다. 나에게 오는 어떤 것이든 나는 감당할 수 있다. 때때로 약간의 불안을 느끼는 것은 괜찮다.

그리고 나서 또 다른 5회 복식호흡을 수행하라. 계속해서 호흡에 집중하고 다음 문장을 자신에게 속삭여라.

이 순간 불안이 나에게 말하는 것을 믿을 필요가 없다. 불안해지면 감정적 사고 대신 이성적인 생각에 접근할 것이다.

이후 5회 복식호흡을 한 번 더 수행하라. 계속해서 호흡에 집중하고 다음 문장을 자신에게 속삭여라.

이 순간 안전하다고 느끼기 위해 내 환경을 통제할 필요는 없다. 항복은 위험 속에 나를 버려두는 것이 아니다. 모든 것은 아주 괜찮다.

선언을 마치고 나면 아침 명상 훈련은 끝난다. 매 5회 호흡마다 한 번씩 선언해야 한다는 점을 기억하라. 훈련이 끝나면 불안 지수를 다시 매겨 보라. 얼마나 낮아졌는가? 여러분의 불안 지수가 명상을 반복하면 할수록 매번 낮아지는 것을 알게 될 것이다. 나아지는 것을 눈으로 볼 수 있으므로, 불안 점수를 기록해나가는 것은 매우 중요하다. 여기서 중요한 것은 인내심을 가져야 한다는 사실이다. 불안 점수가 내려가려면 몇 주 걸릴 수도 있다. 즉각적인 결과를 찾으려 하지 말고, 과정 중심으로 접근해야 한다는 사실을 기억하고 자신에게 시간을 주어라.

마음을 바꿔야 길이 보인다

싸움 자체에 항복함으로써 어떻게 주의 깊은 사람이 될 수 있는지 결정적인 사례를 이야기하겠다. 《기억, 꿈 그리고 사상 Memories, Dreams and Reflections》에서 융Carl Gustav Jung은, 꿈에 대해서 다음과 같이 서술하고 있다. 융의 꿈은 그를 놀라게 하는 동시에 격려하는 역할을 했다.

어느 날 꿈에 융은 혼자 걷고 있었다. 강한 바람과 짙은 안개 때문에 몹시 느리고 고통스럽게 앞으로 한 발자국씩 나아가고 있었다. 그는 작은 손전등을 잡고 있었는데, 언제라도 날아갈 것 같아 걱정됐다. 그 작은 불빛에 모든 것이 달린 것처럼 느껴졌다. 그때 갑자기 그의 뒤로 무언가가 다가오고 있는 것을 느꼈다. 뒤돌아 뒤에 있던 크고 어두운 형체를 보고는 융은 손전등을 반드시 지켜야 한다고 생각했다. 그러고 나서 그는 꿈에서 깨어났다. 생각해 보니 그 어두운 형체는 융 자신의 그림자였으며, 그가 지녔던 손전등 불빛에 의해 생겨난 존재였다. 융은 그 불빛이 자신의 의식이었으며, 그것이 모든 사람이 가진 유일한 불빛이라는 것을 깨달았다. 꿈속에서 얻은 자기 인식에 대한 깊은 통찰은 융에게 빛이 있으면 어둠이 있다는 것을 알도록 했다. 둘은 항상 함께 존재할 수 없다. 빛은 어둠을 이해하거나 인식하지 못하면 아무런 의미가 없다. 그 반대도 마찬가지이다.

이 꿈은 이분법적 사고의 위험을 말해주기도 한다. 극단을 상상하지 않는 한, 인생에 있어서 그런 상황은 일어나지 않는다. 융이 두려워했던 정체는 그림자이자 스스로 만들어 낸 허구였다. 그가 통제할 수 없는 상황이나 환경이 아니었다. 두려워할 것은 없었다. 꿈에서 어떤 허구를 만들어내든, 다시 만들 수 있고 다시 바꿀 수 있다. 융의 꿈에서 여러분이 얻은 교훈은 무엇인가?

나는 나의 현실을 창조할 수 있다.

부정적인 사고와 비합리적인 신념들은 여러분의 의식, 즉 불빛을 희미하게 하고 여러분을 두렵게 만드는 존재이다. 여러분은 그림자를 받아들여 그것과 함께 살아가거나 반대로 그림자로부터 도망치라는 교훈을 얻었을 수 있다. 융은 자신의 두려움에도 불구하고 불빛을 꺼지지 않은 상태로 유지하고 보호해야 한다는 사실을 깨달았다. 불빛은 그림자에 비해 작고 약하지만, 그런데도 융은 주의 깊은 불빛 수호자가 되어야 한다고 말한다. 아마도 자신이 두려움을 만들어냈으니 그것을 놓아줄 수 있는 사람도 자신뿐이라는 걸 깨달았을 것이다. 여러분 역시 여러분의 두려움을 스스로 만들어냈다. 여러분만이 자신의 두려움이 지나가도록 할 수 있는 유일한 사람이다.

필자는 여러분의 '불빛'을 불안으로부터 자신을 구해 낼 중요한 부분으로 생각하기를 바란다. 여러분을 둘러싼 모든 것이 혼란스럽게 느껴질 때 명상 훈련을 통해 여러분의 불빛으로 되돌아올 수 있다. 불안을 다루는 힘은 여러분의 손에 달려 있다. 자신의 사고를 스스로 인식하고 그것이 어떻게 불안을 만들어내는지도 여러분에게 달려 있다.

여러분의 삶, 주변 사람들 그리고 상황을 보는 방식에 책임감을 느끼려면 필자의 방법을 사용하기를 바란다. 불안이 덜해지는 기쁨을 누릴 수 있을 것이다. 필자가 여러 가지를 제안한다 해도 여러분의 힘은 여러분 자신에게서 나온다. 여러분은 자신의 상황을 바꿀 수도 있고 스트레스를 받는 상황을 내버려 둘 수도 있다. 이 책에 나온 여러 방법을 사용한다면 여러분은 불안한 사고를 완화하고 삶을 좀 더 편안하게 바라볼 수 있을 것이다. 삶을 압도하는 불안감에서 벗어나 그동안 숨어 있던 행복을 느낄 수 있기를 바란다.

팬데믹 시대에 산다는 것

불안의 뉴에이지

《마음 혁명》이 처음 출판된 2014년 당시만 해도 앞으로 몇 년 후 특히 최근 몇 달 동안 세상이 이렇게나 급격하게 변할 것이라고는 그 누구도 예상하지 못했다. 코로나바이러스로 인한 팬데믹은 우리의 삶을 뒤흔들고 기존의 안전지대에서 내쫓았을 뿐만 아니라, 끊임없는 불안으로 가득한 새로운 시대를 빠르게 열었다.

정말 많은 것이 변했다. 마스크 착용, 격리, 사회적 거리 두기 같은 코로나19 안전 수칙과 제한이 우리의 생활 방식을 바꾸어 놓았다. 그것은 우리가 의료 서비스에 접근하고 일하고 학교에

가서 배우고 다른 사람들과 상호작용하는 방식마저 바꾸었다.

2020년에 팬데믹이 시작된 지 벌써 1년이 훨씬 지난 지금까지도 미국인의 삶은 여러 측면에서 여전히 큰 영향을 받고 있다.

수백만 명이 백신을 접종했고 코로나19 안전 예방 수칙이 크게 완화되거나 사라졌고 기업과 학교도 다시 문을 열었지만, 여전히 우리는 또다시 감염률을 크게 증가시킬 수 있는 새로운 변이 바이러스에 취약한 상태다. 추가 접종이 도움은 되겠지만 많은 과학자가 결코 위기에서 완전히 벗어날 수는 없을 거라고 이야기한다. 팬데믹 시대와 새로운 불안의 시대가 도래했다.

팬데믹이 확산하고 끈질기게 지속하면서 특히 주요 우울 장애와 심각한 불안, 약물 남용, 다양한 형태의 트라우마 같은 심각한 정신 질환 사례가 급증가하고 있다. 현실적으로는 사람들의 일자리와 사업, 집, 저축, 사랑하는 가족과 친구들의 죽음 같은 손실을 평가할 시간을 갖기 전까지는 팬데믹이 정신 질환에 미치는 영향을 완전하게 파악할 수 없다. 그뿐만 아니라 기본적인 자유의 약화, 특정한 전통의 박탈, 기념행사의 감소, 되돌릴 수 없는 시간처럼 쉽게 계량화할 수 없는 손실들도 고려해야 할 것이다.

복잡한 슬픔

높은 불안과 누적된 "복잡한 슬픔"이 가까운 미래에 쓰나미처럼 미국을 덮칠 것이다. 복잡한 슬픔은 사람들을 애도에 "가두고" 장기적인 사별 상태에 머무르게 한다. 불안, 무감각, 반추가 새로운 정상이 되고 마치 얼어붙은 듯 그 상태에 머물러 있는 것이다. 메이요 클리닉Mayo Clinic에 따르면 "상실감은 사람의 심신을 쇠약하게 만들며 시간이 지나도 개선되지 않을 수도 있다. 지속 복합 사별 장애persistent complex bereavement disorder라고도 불리는 '복잡한 슬픔'은 고통스러운 감정이 너무 오랫동안 지속하고 그 정도가 심해 상실에서 회복하고 일상으로 돌아가는 데 어려움을 겪게 된다."

팬데믹은 단순한 비극이 아니라 많은 사람에게 대재앙이다. 비극의 경우에는 사건을 통해 서서히 가르침을 얻을 수 있다. 그것이 슬픔을 줄여주고 시간이 지날수록 우리가 느끼는 고통도 안정시켜준다. 하지만 코로나19 위기 같은 대재앙은 우리에게 이해와 가르침을 허락하지 않는다.

악몽이 완전히 끝나고 깨어났을 때 다수가 안도의 한숨을 내쉬고 일상을 살아갈 것이다. 그러나 감정의 잔해 속에서 돌이킬 수 없는 피해를 마주하는 사람들에게는 지금, 이 상황이 재앙처럼 느껴져서 불안이 커지고 정신 건강의 위기로 이어질 수도 있다.

나는 심리치료사로 일하면서 재앙을 마주한 내담자들을 많이 만났다. 일부는 해로운 걱정과 고통에 끊임없이 노출되면 정신의학적 무력감의 심연에 빠질지도 모른다는 사실이 가장 두렵다고 말했다. 그들은 "이성의 끈"을 놓치고 흔히 말하는 "신경쇠약"을 경험하게 될까 봐 두려워했다. 한마디로 그들은 걱정에 대해 걱정했다. 걱정과 두려움은 불확실성을 먹고 산다.

정서적 트라우마

팬데믹은 평소 간과되기 쉬운 질환인 정서적 트라우마를 널리 퍼뜨렸다. 부정적인 사건에 노출되면 안전과 안정에 대한 감각이 산산조각이 날 수 있다. 2020년 3월 이후로 개인이 노출된 정서적 트라우마와 2차 트라우마의 지속적인 수준은 측정할 수 없다. 트라우마 증상은 부정적인 사건을 겪었을 당시에만 발생하는 것이 아니라 시간이 지남에 따라 발달하기도 한다. 과도하게 노출된 정신이 한계에 다다르면 문제 상황을 처리할 수 없는 상태가 된다.

트라우마는 감각에 깊이 암호화되어 있어서 결과적으로 중추신경계를 위험하게 바꾸고 과도하게 활성화해서 불안, 심각한 우울증, 무감각, 혼란, 악몽, 자살 충동을 비롯해 심신을 쇠약하게 만드는 증상을 유발한다.

베셀 반 데어 콜크Bessel Van Der Kolk 박사는 트라우마에 관한 그의 유명한 저서 《몸은 기억한다》에서 말한다. "트라우마 이후의 세상은 위험과 안전에 대한 인식이 바뀐 신경계를 통하여 경험된다." 이것은 몸과 마음이 지속적인 "위협 반응" 또는 생존 모드에 고정되어 있다는 뜻이다. 장기간 이어지면 극도로 고통스러운 상태다. 이미 압도되어 버린 마음은 그 상태를 항상 감당할 수 없다. 팬데믹이 시작된 이후로 2차 트라우마가 만연하게 되었다. 다른 사람에게 일어나는 부정적인 사건을 목격할 때 나타나는 것으로 대리 트라우마라고도 한다. 충격적인 사건의 목격은 직접 경험만큼이나 커다란 영향을 미칠 수 있다. 직접적인 정서적 트라우마와 2차 트라우마 모두 비슷한 무력화 증상을 일으킬 수 있다.

반 데어 콜크 박사는 말한다. "유기체가 생존 모드에 갇혀있으면 그 유기체의 에너지는 보이지 않는 적들과 싸우는 데 집중되므로 양육, 보살핌, 사랑을 위한 에너지가 남지 않는다." 심각한 불안은 삶에 대한 부정적인 관점을 드러내고 자극할 수 있다.

팬데믹은 그동안 본 적 없는 유형의 트라우마를 일으키고 끔찍한 고통을 초래한 장기적인 부정적 사건이다. 우리 삶에 불안을 일으키는 다른 현상들이 그 영향을 더욱 악화시켰다. 2020년에 많은 도시가 폭력, 시위, 사회 불안을 경험하기도 했다. 많은 이들이 국가의 권력에 위협을 느꼈고 정치 성향에 상관없이 다수가 정부와 사회 자체를 의심의 대상으로 보았다. 캘리포니아에서는 심각한 산불로 집 수백 채가 파괴되고 수천 명의 이재민이 발생했다. 2020년 가을에는 선거철의 스트레스로 불안이 고조되면서 미국인들 사이에 혼란과 분열이 다시 수면으로 올라왔다.

이 점도 간과하면 안 된다. 기존의 정신 건강 질환 환자들은 팬데믹과 같은 새로운 트라우마에 장기간 노출되면 증상이 악화할 수 있다. 예를 들어, 우울증이 있는 사람은 기존의 질환에 팬데믹의 트라우마가 더해져 일종의 "이중 우울증"을 경험할 것이다. 불안 장애가 있는 사람들은 두려움과 극도로 부정적인 생각이 마구 치솟는 것을 경험했다.

불확실한 미래에 대한 걱정, 죽음에 대한 공포, 실업과 경제적 어려움으로 인한 고통이 사회적 거리 두기 수칙으로 인한 고립과 외로움과 합쳐져서 개인의 정신에 더욱더 커다란 부담이 가해진다. 사회적 거리 두기는 바이러스의 확산을 막기 위해 꼭 필요하지만 중요한 인간적 교감을 박탈한다.

사회적 거리 두기의 심리적 영향

인간은 사회적 동물이다. 우리는 오랫동안 피할 수 없는 상호의존적인 존재로 진화해 왔다. 그것이 우리가 역경과 비극, 재앙적인 사건에 대처하는 방법이다. 그런데 사회적 거리 두기는 가족이나 친구, 이웃 같은 대규모 집단에서 공동으로 지원을 얻고자 하는 인간의 본능에 어긋난다. 인간은 외부와 완전히 단절된 상태에서 살아가지 않는다. 서로가 필요하다.

과거에 우리는 재앙이 닥쳤을 때 혼자가 아니라 공동체와 함께하는 경험이라는 의식에 의존해서 사건을 처리했다. 2001년에 일어난 911테러가 좋은 예다. 그날의 사건은 너무도 끔찍했지만, 미국인들은 재빨리 힘을 합쳤고 슬픔 속에서도 놀라운 연대를 보여 주었다. 인간의 정신은 특히 생사가 걸린 공동의 대의를 위하여 힘을 합칠 때 더 큰 자극을 받는다.

따라서 우리는 중요한 질문을 던져보아야 한다. 현재의 가상 의사소통 형태가 사회적 거리 두기의 단점을 보완해 주었는가? 문자, 전화, 이메일, 그리고 스카이프나 페이스타임, 줌 같은 화상채팅 플랫폼이 정말로 그 상황에 도움이 되었는가? 만약 그렇다면 충분했는가?

기술 덕분에 멀리에서 친구와 가족을 만날 수 있는 시대에 살아간다는 것은 분명 행운이다. 하지만 이런 소통 방식이 대면 방식의 상호작용을 대체할 수는 없다. 나에게서 상대방에게 실시간으로 전달되는 애정 에너지를 대신할 수 없다. 따뜻한 표정, 특히 부드럽고 따뜻한 손길을 절대로 대신할 수 없다. 우리는 첨단 기술 사회에서 살고 있지만, 접촉이 꼭 필요한 종이다.

사회적 고립에 장기간 노출되면 심각한 정서적 무감각과 단절이 일어나서 현실감과 자아감을 모두 잃을 수 있다.

크리스티 카넬Kristi Kanel 박사는 저서 《위기 개입 안내서A Guide to Crisis Intervention》에서 말한다. "무감각은 대면 방식이 아닌 줌과 소셜 미디어로만 다른 사람들과 상호작용할 때 발생하기도 한다. 많은 사람이 호소하는 줌 피로증은 전투 피로증과 비슷하다. 사람은 피로와 무력감을 느낄 때 그 상황에서 벗어나려고 노력하기보다 그냥 포기하고 단순한 생존 상태에만 머물려고 하는 경우가 많다." 다시 말하자면, 가상의 의사소통에서 오는 단절의 심각함을 알아차리지 못해서 정신 건강의 니즈를 심각하게 받아들이지 않을 수 있다.

단기적인 사회적 고립이 어떤 영향을 끼치는지는 알 수 없다. 아직 완전한 연구가 이루어지지 않았다. 하지만 장기간에 걸친 사회적 고립이 심장질환, 고혈압, 알츠하이머, 치매, 심지어 사망에 이르기까지 건강에 영향을 끼칠 수 있다는 사실은 이미 증명되었다. 만성적인 외로움은 면역력을 떨어뜨려 우리를 질병에 취약하게 만든다.

나는 코로나19 위기에 더해진 2차 사회 위기가 팬데믹이 물러난 후에도 오랫동안 계속될 수 있다고 본다. 안타깝게도 우리사회는 아직 이 문제에 대한 만반의 준비가 갖춰져 있지 않다.

아직도 세상은 정신 질환을 앓고 있는 사람들을 인격적으로 무시하고 열등한 존재로 취급한다. 지난 수십 년 동안 꽤 커다란 변화가 일어나기는 했지만, 미디어의 부정적인 묘사와 고정관념, 공포로 인해 정신 질환에 대한 해로운 태도와 오해가 계속되고 있는 만큼 아직도 갈 길이 멀다. 현재로서는 언제든지 걷잡을 수 없는 통제 불능 상태에 빠질 수 있는 수많은 미국인을 도울 수 있는 자원이 마련되어 있지 않다.

2021년 초, 〈뉴욕타임스〉의 킴 팅글리Kim Tingley는 다음과 같은 내용의 기사를 썼다. "팬데믹 기간에 스스로 생을 마감하는 것에 대해 생각해 본 적 있는 사람이 그 이전보다 크게 증가했음을 시사하는 증거가 있다. 2020년 8월에 미국 질병통제예방센터Centers for Disease Control는 6월 마지막 주에 시행한 전국적인 설문 조사 결과를 발표했다. 응답자의 40퍼센트 이상이 다른 어려움 외에도 불안, 우울증, 약물 사용의 증가를 드러냈다. 그리고 10퍼센트 이상이 지난 30일 동안 자살을 심각하게 고려한 적 있다고 말했다."

이 10퍼센트에는 약 3,200만 명이 해당한다. 설문에 응답한 사람들만 포함한 수치다. 이 설문 조사 이후 팬데믹으로 인해 정신 질환 환자의 수가 증가했다. 질병통제센터가 2020년 12월부터 2021년 4월까지 벌인 설문 조사 결과, 미국인의 42퍼센트가 불안이나 우울증 증상을 겪고 있는 것으로 나타났다. 팬데믹이 시작되기 전에 그런 증상을 경험했다고 한 사람은 11퍼센트에 불과했다.

이렇게 정신 건강 문제가 널리 퍼져 있는 데도 여전히 많은 미국인은 불안이나 우울증 증상에 대해 다루는 것을 꺼린다.

흥미롭게도 오랫동안 불안과 과도한 걱정에 시달렸지만 팬데믹 시대에 꽤 해나가고 있는 사람들도 있다. 코로나바이러스의 확산 같은 재앙적인 사건으로 모두가 공평해졌다고 생각하게 된 것이다. 그들은 이제 모든 사람이 불안해져서 정신 질환으로 인한 낙인이 옅어졌다고 느낀다. 가족과 친구들이 마침내 자신의 고통을 더 잘 이해하게 되었다는 생각도 그들에게 익숙한 수치심을 일시적으로 줄여준다. 한 내담자는 "이제는 모두가 한배를 탄 거죠."라고 말했다.

평소 집에서 보내는 시간이 많고 내향적인 삶을 살아가는 사람들도 있다. 이 집단에 속하는 사람들은 격리와 사회적 거리 두기가 불편하게 느껴지지 않는다. 그들은 재택근무도, 타인과의 어색한 사교에서 해방된 것도 환영한다. 그들에게 사회적 거리 두기는 인간들과의 접촉을 피하게 해주는 정식 허가증이다. 이런 형태의 사회 불안 장애는 보통 사람들이 생각하는 것보다 훨씬 더 흔하다.

그래도 일반적인 경우는 아니다. 팬데믹과 그 여파를 겪는 사람이라면 머리 위에 매달려 목숨을 위협하는 다모클레스의 검을 부인할 수 없다. 두려움으로 가득한 우리의 삶을 위협하는 그 검이 과연 사라지는 날이 올까? 확실하게는 알 수 없다. 하지만 어떤 면에서 그 검은 항상 존재했다. 최악의 상황을 두려워하는 것은 지극히 인간적인 특징이다. 하지만 2020년 이후로 우리는 그 검을 더 자주 올려다보아야만 하게 되었다.

앞으로 몇 달, 어쩌면 몇 년 동안 정신 건강 치료가 필요한 사람들의 숫자가 더욱더 늘어날 것이다. 치료되지 않은 정신 질환이 다른 재앙으로 이어지지 않기를 바라야 한다. 팬데믹 불안과 정서적 트라우마, 우울증의 치료를 도와줄 여러 효과적인 치료법을 활용한다면 복잡한 슬픔의 실타래를 풀고 생명을 구하고 사람들을 일상으로 돌려보낼 수 있을 것이다.

먼 훗날 돌아보았을 때 이 팬데믹이 비극으로 남아있든 재앙으로 남아있든, 나는 이 끔찍한 경험이 우리를 더 강하고 똑똑한 나라로 만들고 미래의 위기에 대비시켜 줄 것으로 생각한다.

《마음 혁명》이 새롭게 출간되어 무척 설렌다. 이 책이 일상생활에서 일어나는 불안을 이겨내도록 도와주는 것을 넘어 이제는 팬데믹의 영향으로 만성적인 불안을 겪고 있는 모든 사람에게 훌륭한 도구가 되어주리라 믿는다.

이 책에서 소개한 오랜 시간에 걸쳐 효과가 검증된 증거 기반의 치료 도구와 스트레스를 줄여주는 기술들은 많은 이들에게 효과적이었다. 여러분에게도 효과가 있을 것이다.

- 존 실럼패리스

마음 혁명

초판 1쇄 인쇄 2024년 6월 17일
초판 1쇄 발행 2024년 6월 24일

지은이 존 실럼패리스, 데일리 디애나 슈위츠
옮긴이 이연규
펴낸이 이효원
편집인 강산하
마케팅 추미경
디자인 페이퍼컷 장상호(표지), 이수정(본문)
펴낸곳 탐나는책
출판등록 2015년 10월 12일 제2021-000142
주소 경기도 고양시 덕양구 삼송로 222, 101동 305호(삼송동, 현대해리엇)
대표전화 070-8279-7311　　**팩스** 02-6008-0834
전자우편 tcbook@naver.com

ISBN 979-11-93130-72-8 03190